辽宁大学
经济法学文丛

辽宁省社会科学
规划基金重点建设学科项目
“土地要素市场配置法律问题研究”
（L21ZD041）

Reformation Studying on Law System of
Natural Resources

自然资源法律制度改革研究

郭洁◎著

法律出版社 | LAW PRESS
北京

图书在版编目(CIP)数据

自然资源法律制度改革研究 / 郭洁著. -- 北京 : 法律出版社, 2023

(辽宁大学经济法学文丛)

ISBN 978 -7 -5197 -4638 -4

Ⅰ. ①自… Ⅱ. ①郭… Ⅲ. ①自然资源－所有权－资源法－研究－中国 Ⅳ. ①D922.604

中国版本图书馆 CIP 数据核字(2020)第 102249 号

自然资源法律制度改革研究
ZIRAN ZIYUAN FALÜ ZHIDU GAIGE YANJIU

郭 洁 著

策划编辑 沈小英
责任编辑 贾方武
装帧设计 汪奇峰

出版发行 法律出版社
编辑统筹 法治与经济出版分社
责任校对 王晓萍 王语童
责任印制 吕亚莉
经　　销 新华书店

开本 710 毫米×1000 毫米 1/16
印张 11 **字数** 161 千
版本 2023 年 9 月第 1 版
印次 2023 年 9 月第 1 次印刷
印刷 北京虎彩文化传播有限公司

地址:北京市丰台区莲花池西里 7 号(100073)
网址:www. lawpress. com. cn
投稿邮箱:info@ lawpress. com. cn
举报盗版邮箱:jbwq@ lawpress. com. cn

销售电话:010－83938349
客服电话:010－83938350
咨询电话:010－63939796

书号:ISBN 978－7－5197－4638－4
定价:87.00 元

凡购买本社图书,如有印装错误,我社负责退换。电话:010－83938349

总　序

经济法学，在辽大

辽大经济法学成果累累

新一代经济法学者成长喜人

一

请允许我从一本书谈起。

这是一部编译之作——《日本经济法概要》（以下简称《概要》）。

此书1982年9月由地质出版社出版。

最先受到读者质疑的是，为什么经济法这类书稿要交给地质出版社出版呢？

情况是这样的：1980年我受命出任辽宁大学日本研究所所长。同年10月开始，在著名日本问题专家金明善教授的支持与配合下,我组织所内几位学者选译了日本经济法规并进行了简要论述,定名为《日本经济法概要》。

1981 年秋,我背着《概要》书稿奔赴北京寻找出版单位。“文化大革命”期间撤销的司法部刚刚恢复,但是法律出版社何时恢复尚无音信。于是我分别拜访了北京综合性和经济类的两家出版社。但遗憾的是,他们都以种种理由婉言谢绝,理由之一是经济法概念尚存疑虑。当时我已认为出版无望了!

正在此时,巧遇一位在地质出版社任职的辽宁大学校友,知道我遇到难题后,便爽快地说:“没地方出版,就到我们社出版吧!”

就这样,新中国最早论及经济法的一部专著,通过地质出版社与读者见面了!

二

作为经济理论工作者,为什么对经济法有如此浓厚的兴趣与热情?

这是对《概要》一书提出的另一类疑问。

在中国,政治经济学课程是以苏联同类教材为蓝本的。1953 年斯大林的《苏联社会主义经济问题》问世,成为经济类专业的基本教材。

20 世纪初,苏联在“十月革命”夺取政权后,经历了一种人类历史上前所未有的新制度——计划经济。计划经济作为一种国家经济制度,不是有没有计划的问题,这是表层命题。它的本质乃是两个消灭,即消灭市场,消灭财产私人所有制。1919 年俄共(当时尚未称苏共)第八次代表大会通过的党纲明确宣布:“社会主义就是消灭价值规律。”消灭价值规律就是消灭市场。20世纪苏联官方与学界对待价值规律采用的理论,在30年代是“消灭论”;在40年代变为“改造论”,即改造价值规律;在50年代则转为“限制论”,即限制价值规律。

1949年中华人民共和国成立后,在“一边倒”和“全面学习苏联”的方针下,中国从理论与实践两个方面建立苏式计划经济制度和理论体系。在中国,20世纪50年代至70年代是不准谈商品经济的。1979年我发表了《社会主义救中国,商品经济“富”中国》(《辽宁大学学报》1979年第6期)一文。不到一周,便接到在北京国家机关工作的朋友劝告:“不要再讲商品经济了,上面明确指示:不准讲商品经济。”

1984年党的十二届三中全会通过了《关于经济体制改革的决定》,明确提出我国将实行有计划的商品经济体制。从此,学术界开始了探索商品经济的热烈讨论。但是,仍然不能讲市场经济,1991年各主流媒体还在大批市场经济制度。

1992年邓小平南方谈话,首次提出“社会主义也可以搞市场经济”的命题。从此,学术界和经济界掀起了市场经济大讨论,大大推进了中国的改革与开放事业。

经济法恰恰是市场经济的产物,也是市场经济大发展的标志和社会文明进步的标志。

我是主张市场经济的。价值规律是市场经济的基本规律。20世纪初,我发表《价值规律是一个伟大的学校》(《社会科学辑刊》1984年第5期)等一系列文章,阐释价值规律(市场经济)对资源配置的调节作用,并确认市场经济的五大功能(《当代企业》1993 年第 1 期、《人民日报》1984 年 12 月 3 日)。在反复强调市场经济五大功能的同时,我又十分重视那只“看得见的手”的重要作用。于是我郑重地提出在市场经济发展过程中,必须建立五大调节体系(《辽宁大学学报》1982 年第 6 期),其中第四个调节体系为“法规调节”,详细探讨了经济法在对微观经济运作和宏观经济决策方面的“调节”与“监督”功能。

也就是说,我在探索那只“看不见的手”的过程中,深深领悟到那只“看得见的手”的重要作用。于是,我抢先“找到”了具有完备体系的日本现行经济法规,并向读者推介。

就这个意义而言,经济法虽然不是我本专业的“内涵”,但我却认为探索经济法学恰恰是经济学专业所“必需的”。正是因为有如此强烈的心理诉求和专业需求,我也就顾不上有“班门弄斧”之嫌,遂出版《概要》。

三

在辽宁大学,法学院有一种文化,叫“传承”。

弘扬传承文化的前提和基础,是“追求”。

以杨松教授为代表的辽宁大学法学院团队具有一种理论兴趣和理论追求(包括法学理论、经济理论和人文理论),具有一种信息追求和学术追求,甚至还有一种学术伦理追求。他们这种积极进取、孜孜以求的行为,使辽宁大学法学院取得了传承与发展的丰硕理论成果、学术成果和人才成果,并开创了具有辽宁大学特色的学术风格和治学品格。

大大出乎我意料的是，多年来他们居然对《概要》如此珍重，甚至把它列为辽宁大学经济法学科的一种记忆、一种符号和一种文化。《概要》出版后，我就“言归正传”，埋首探索本专业了。至于它在社会上有什么反应，我一概不知。是他们——辽宁大学青年学者们，始终关注、关心并收集此书的社会反响。不久前，法学院给我开列了一张反馈清单，其中法学界戴凤岐、梁慧星、杨紫烜、车丕照、周汉民、邵建东等多位学者曾引用和点赞此书的若干观点。这使我十分惊讶，十分感动，也给予我莫大鼓舞！

凡此种种，透过这般追求与传承、探索，可以看到辽宁大学法学院还有一种文化，谓之“八端文化”。八端者，即孝悌忠信礼义廉耻。体现八端文化的举措之一，就是“辽宁大学经济法学文丛”的开设。这是一项发展学术、振兴辽宁大学的创举。它将是校内外学者展示成果、交流思想、探索学术、繁荣经济法学的平台与百花园地。我希望它将是开放式、“群众性”的，既有长篇宏论，也有微文小品；既有精品展示，也有青年学者“处女之作”。倘若吸引众多辽宁大学校友，并诚邀法律界实践家都来耕耘这块田园，那么，本文丛将成为辽宁大学乃至法学界响当当的“品牌”。

我由衷地预祝，诚挚地企盼！

四

在辽宁大学，法学院还有一种精神，即“三向”：向上、向善、向爱！

我衷心地祝愿辽宁大学法学院的老师和同学们，继续坚守这“三向”精神：

天天向上，

天天向善，

天天向爱！

是为序。

八十有五的辽宁大学老员工

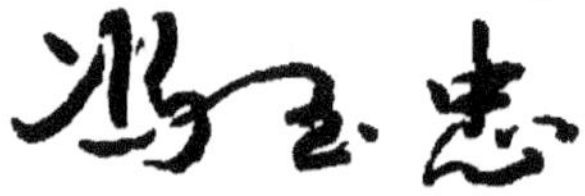

*

谨记

二〇一七年元月十二日

于辽阳县首山镇

* 冯玉忠，原辽宁大学校长，经济学教授，第七届、第八届、第九届全国人大代表。

Contents

目录

第一章 自然资源统一登记制度研究

引 言

现行自然资源统一登记制度，是经历了不动产登记由分散登记到统一登记、再到整体登记的历程而形成的。长期以来，土地、房屋、海域、森林等不动产之上的权利登记分别适用《房屋登记办法》（建设部令第168号）、《土地登记办法》（国土资源部令第40号）、《海域使用权登记办法》（国海发〔2006〕28号）及《森林法》等法律、法规，[①]并由不同的行政主管部门按照行政管理职权办理。分散登记以登记依据、登记机构的独立设置为特征，不仅造成了登记事项划分

---

① 根据《国土资源部关于修改和废止部分行政规章的决定》，《土地登记办法》自2018年2月1日废止。根据《住房和城乡建设部关于废止部分规章的决定》，《房屋登记办法》自2019年9月6日废止。根据自然资源部《关于公布第一批已废止或者时效的规范性文件目录的公告》，《海域使用权登记办法》自2019年6月26日废止。

标准不统一、登记权利交叠,更阻碍了登记信息的整合互通,削弱了以信息披露为核心的物权公示的效力。为一体规定不动产上的物权信息,2014 年国务院颁布了《不动产登记暂行条例》(以下简称《登记条例》),从“房地统一”的角度确立了“房屋等建筑物、构筑物和森林、林木等定着物应当与其所依附的土地、海域一并登记”的统一登记规则。《登记条例》所指向的“统一”主要是在整合不动产登记权限的基础上,实现了统一土地与房屋登记权利主体,服务于定着物与其载体间物权变动的共同体关系。从登记对象的择取上,《登记条例》将不动产的形态限定为“土地、海域以及房屋、林木等定着物”,并未涵盖《民法典》物权编规定的水流、山岭、草原、荒地、滩涂、矿藏等自然资源。在登记能力方面,《登记条例》第 5 条列举了可登记权利的范围,[①]同时,将草原使用权、林地使用权统一归入土地承包经营权并纳入登记客体的范围。[②]但是,《登记条例》对海域、森林等资源类型的登记仍以其单一资源的财产属性为基础。各资源品种的独立登记造成了自然资源生态功能的分割,甚至是权利行使时相互的排斥。同时,《登记条例》没有完全承接《民法典》物权编规定的自然资源物权制度,例如,在权利类型上,自然资源的国家所有权被排除在外,取水权等资源性物权没有纳入登记。

2015 年中共中央、国务院印发的《生态文明体制改革总体方案》提出了“对水流、森林、山岭、草原、荒地、滩涂等所有自然生态空间统一进行确权登

---

① 《登记条例》第 5 条规定:“下列不动产权利,依照本条例的规定办理登记:(一)集体土地所有权;(二)房屋等建筑物、构筑物所有权;(三)森林、林木所有权;(四)耕地、林地、草地等土地承包经营权;(五)建设用地使用权;(六)宅基地使用权;(七)海域使用权;(八)地役权;(九)抵押权;(十)法律规定需要登记的其他不动产权利。”

② 登记能力指某项权利可以记载于登记簿并产生特定法律效力的能力。参见常鹏翔:《不动产登记法》,社会科学文献出版社 2011 年版,第 70 页。

记”的改革要求。为此,2016 年原国土资源部、中央编制办等七部委印发了《自然资源统一确权登记办法(试行)》(国土资发〔2016〕192 号,以下简称《试行办法》)。《试行办法》第 3 条规定,“对水流、森林、山岭、草原、荒地、滩涂以及探明储量的矿产资源等自然资源的所有权统一进行确权登记,界定全部国土空间各类自然资源的所有权主体”。与不动产统一登记不同,自然资源统一确权登记是在确认不同资源要素间生态关联性的基础上,以生态空间为登记单元的资源整体性登记。作为登记对象的自然资源并非单一、孤立的各资源类型,而是彼此关联的、具有功能一体性的空间集合性客体;①登记的目标已经超越了不动产登记的单纯交易功能,旨在构建以生态功能保护为基础的“归属清晰、权责明确、监管有效”的自然资源资产法治秩序。由此,需要在不动产登记的基础上探索自然资源确权登记的制度创新路径。2016 年 12 月至 2018 年 2 月底,青海、甘肃、宁夏、陕西、江苏、吉林、福建等 12 个省份开展了自然资源统一确权登记的试点工作。根据代表性、可复制性和可操作性的原则,各试点地区的确权登记目标和对象各有侧重。② 截至 2018 年年底,12 个省份的 32 个试点区域共划定自然资源登记单元 1191 个。③ 在总结统一确权登记试点成果的基础上,2019 年 7 月,自然资源部、财政部、生态环境部等共同印发《自然资源统一确权登记暂行办法》(自然资发〔2019〕116 号,以下简

---

① 参见常鹏翱:《论可登记财产权的多元化》,载《现代法学》2016 年第 6 期。

② 参见 2016 年原国土资源部《自然资源统一确权登记试点方案》、2017 年《武夷山国家公园体制试点区自然资源统一确权登记工作细则》、2017 年《银川市自然资源统一确权登记(湿地产权确权)工作方案》、2017 年《陕西省渭河水流产权确权试点实施方案》、2017 年《探明储量的矿产资源纳入自然资源统一确权登记试点工作方案》。

③ 12 个省份已经完成确权登记的国土总面积为 186,727 平方公里。参见自然资源部:《自然资源统一确权登记试点取得积极进展》,载人民网,http://www.mnr.gov.cn/dt/ywbb/201810/t20181030_2292007.html,最后访问日期:2019 年 8 月 12 日。

称《暂行办法》),重新规定了统一确权登记的实体规范和程序规范,在《试行办法》的基础上,将海域、无人居住岛屿纳入确权登记的范围,在新增的第三章规定了登记单元的具体确认规则;根据分级行使国家所有权的改革成果,规定了自然资源所有权行使主体、代理主体的登记事项。这标志自然资源统一确权登记已从立法经验积累转向国家层面制度的建构,也意味未来在立法技术和制度运行的条件成熟时《暂行办法》将上升为法律。①

自然资源统一登记以维护生态功能的整体性为目标,不动产登记以维护物权交易安全为出发点,两者之间必然存在诸多差异甚至是矛盾,需要以《物权法》上的登记规则加以协调。这说明《暂行办法》仍然具有制度完善的空间。目前,《登记条例》以及《民法典》物权编也没有对此问题作出回应。为促进自然资源统一登记与物权登记规则的融合,必须创新不动产登记制度,以适应生态文明法治建设的新要求。

一、自然资源统一登记的物权法难题

(一)自然资源国家所有权豁免登记与强制登记的矛盾

自然资源统一确权登记的任务之一是划清全民所有和集体所有的土地及所承载的自然资源的边界;对自然资源的国家所有权登记造册,明确国有自然资源的所有权主体、代表行使主体以及代理行使主体。《暂行办法》赋予自然资源国家所有权以登记能力,规定自然资源国家所有权登记包括所有权主体登记、代表行使主体登记、代理行使主体登记。上述规定来源于试点地

① 按照2019年自然资源部《自然资源统一确权登记工作方案》的要求,将于2023年完成全国重点区域自然资源确权登记全覆盖的工作目标。

区的经验。例如,2017 年《江西省自然资源统一确权登记试点实施方案》要求,对于国家所有的自然资源启动确权登记造册工作;2018 年陕西省出台的《武功县自然资源统一确权登记试点实施方案》规定,通过登记划定渭河武功段水流自然资源的国家所有权的范围;福建省 2017 年出台的《武夷山国家公园体制试点区自然资源统一确权登记工作细则》以“武夷山国家级自然保护区”为登记单元,将国有自然资源的所有权代表行使主体登记为武夷山国家公园管理局;2018 年甘肃省《祁连山国家公园天祝段自然资源统一确权登记项目实施方案》也作出了类似的规定。[①]《暂行办法》在《试行办法》的基础上,增设“所有权代理行使主体”登记事项,并在第 10 条明确规定全民所有自然资源所有权代表行使主体登记为国务院自然资源主管部门,所有权行使方式分为直接行使和代理行使;中央委托相关部门、地方政府代理行使所有权的,所有权代理行使主体登记为相关部门、地方人民政府。

按照物权法定原则,不动产登记作为确认不动产物权的依据,登记权利的范围来源于物权法的规定。但是,《民法典》物权编针对自然资源国家所有权确立了豁免登记的规则。《民法典》第 209 条规定:“不动产物权的设立、变更、转让和消灭,经依法登记,发生效力;未经登记,不发生效力,但法律另有规定的除外。依法属于国家所有的自然资源,所有权可以不登记。”同时,《登记条例》第 5 条规定了集体土地所有权、法律规定需要登记的其他不动产权

---

① 2018 年《祁连山国家公园天祝段自然资源统一确权登记项目实施方案》明确要求,登记前应调查所有权状况。明晰全民所有权和集体所有权的边界及不同集体所有者的边界。在集体土地所有权确权登记成果的基础上,科学划清国有和集体所有土地及承载的自然资源边界范围。对于国家所有的自然资源,启动自然资源的国家所有权登记造册工作。进一步明确国有自然资源保护范围、自然资源登记范围、程序和法律责任、自然资源所有权主体、代表行使主体以及代表行使的权利内容等权属状况。

利依照本条例的规定办理登记。《登记条例》中的登记对象不包括国家所有权。从文义表述上,《民法典》没有强制排除自然资源国家所有权的登记能力,但"可以不登记"的表述仍存在登记豁免的解释空间。例如,有学者认为,因法律直接规定某些自然资源由国家所有,法律规定本身比登记行为具有更强的公示效果。[①] 由于国家所有权不能转移,也不可能设定新的所有权,有些自然资源亦无法进行登记,所有权可以不登记,这有利于国家所有权的保护。[②] 由于《民法典》没有为国有自然资源登记提供实体法上的依据,《暂行办法》规定的国有自然资源统一登记,因其部委规章的立法层级,登记权源的正当性不足。进一步追溯可知,包括国有自然资源在内的自然资源统一确权登记制度贯彻了《生态文明体制改革总体方案》提出的"建立统一的确权登记系统;坚持资源公有、物权法定,清晰界定全部国土空间各类自然资源资产的产权主体"的具体要求。《暂行办法》关于国家自然资源所有权应予登记的依据实际源于上述国家政策,其稳定性和确定力有待检验。

(二)生态单元登记客体对"一物一权"规则的冲突

自然资源统一登记采用了现行不动产登记所遵循的物的编成体例,[③]即以物权客体为基点,登记其上之所有权人等物权主体,以自然资源登记单元为主线进行登记事项的设置和记载。在物的编成体例下,因所有权与客体之间具有同义说明关系,自然资源登记簿的名称本身可清晰地表明登载的自然

---

① 胡康生主编:《中华人民共和国物权法释义》,法律出版社2007年版,第42页。

② 最高人民法院物权法研究小组编著:《中华人民共和国物权法条文理解与适用》,人民法院出版社2008年版,第72页。

③ 《登记条例》第8条规定,"不动产以不动产单元为基本单位进行登记。不动产单元具有唯一编码"。

资源所有权。根据《暂行办法》第4条规定，自然资源统一确权登记旨在“界定全部国土空间各类自然资源资产的所有权主体”，即自然资源登记簿记载的权利类型为所有权。基于此，通过登记簿设置这一程序性、技术性手段实现了赋予自然资源所有权尤其是自然资源国家所有权以登记能力的实体法效果。① 在物的编成体例下，通过记载物的自然状况以实现登记客体的特定化。

自然资源登记的客体与不动产登记存在较大的区别，前者以生态空间单元为登记客体，后者以特定物为登记客体。《暂行办法》第13条第2款规定：“自然资源登记单元应当由登记机构会同水利、林草、生态环境等部门在自然资源所有权范围的基础上，综合考虑不同自然资源种类和在生态、经济、国防等方面的重要程度以及相对完整的生态功能、集中连片等因素划定。”自然资源登记单元为特定的生态空间。按照生态学通常的解释，生态空间又称自然生态空间，是指任何生物维持自身生存与繁衍所需要的一定的环境条件，是处于宏观稳定状态的某物种所需要或占据的环境总和。根据2017年原国土资源部发布的《自然生态空间用途管制办法（试行）》（国土资发〔2017〕33号）第2条规定，生态空间是具有自然属性、以提供生态产品或生态服务为主导功能的国土空间。② 生态空间是承载自然资源要素的集合体及其自然环境。按照《暂行办法》的要求，生态空间的典型表现为国家公园、自然保护区、自然公园等各类自然保护地以及湿地、水流、海域等，这类自然生态空间应作为独

① 通常认为，登记能力的问题属于实体法的问题，应当由实体法律规范加以解决，登记程序法只是对实体法已经确认了具有登记能力的权利加以重述而已。参见程啸：《不动产登记法研究》，法律出版社2018年版，第152页。

② 生态空间的资源要素涵盖需要保护和合理利用的森林、草原、湿地、荒漠、河流、湖泊、滩涂、岸线、海洋、荒地、戈壁、冰川、高山冻原、无居民海岛等。

立登记单元进行登记。

生态空间单元登记具有以下特点：

第一，登记客体不同于《登记条例》规定的“宗地”“宗海”等单一类型、单一类别的自然资源。在“生态空间—自然资源要素”的复合构造中，自然资源登记将相对独立的生态空间作为特定的单元，并对空间内的自然资源要素整体进行全面的记载。以湿地确权登记为例，“湿地既不是单一的地类，也不是单一的水体，而是生态系统的概念”。① 在宁夏试点地区，登记机关将湿地作为整体，将水流、森林、草原、矿产、野生动植物等作为湿地自然要素进行确权登记。②

第二，登记单元的识别标准是资源的自然属性和提供的生态服务功能的整体性边界。根据《暂行办法》第三章“自然资源登记单元”的规定，登记单元确定的原则是：国家公园、自然保护区、自然公园等各类自然保护地优先作为独立的登记单元；水流、湿地、海域、无居民海岛等可以单独划定为独立的登记单元；其他生态空间单元按照自然资源的种类，以生态、经济、国防等方面的重要程度、相对完整的生态功能、集中连片等标准加以确定。在试点地区的登记实践中，生态空间单元登记有两个层次，第一层次是至少登记两个资源品种，如森林资源空间的登记单元至少包括林地和其上的森林资源；第二层次是自然状况登记，即生态空间单元的外观现状。两个层次的登记构成完整的单元登记。

第三，同一登记单元内可能同时包含不同权属的资源类型。例如，在武

① 唐小平等：《湿地产权确权理论基础与实现途径研究》，载《湿地科学》2018 年第 4 期。

② 参见 2017 年《中卫市自然资源统一确权登记（湿地产权确权）工作实施方案》。

夷山国家级自然保护区登记试点中,登记单元范围除了水流、森林等国有自然资源之外,还包括集体所有的自然资源。福建省晋江市将位于晋江市紫帽镇的紫帽山风景区全域作为登记单元,登记的资源权利主体包括国有自然资源、其他不动产、已登记集体土地。[①] 此外,同一登记单元还存在自然资源使用权与所有权、地役权等物权的交叉关系。在地方登记试点实践中,对于登记单元内不同资源权属基本存在两种处理方法:其一,对登记单元的自然状况进行登记,但不作权属记载或者作为附件记载,同时登记单元内各类资源的所有权主体;其二,当登记单元内存在自然资源国家和集体不同性质的权属状况时,在集体经济组织所有的自然资源面积占较小的情况下,直接将登记单元的所有权主体登记为"全民"。在试点实践的基础上,依据《暂行办法》第 14 条规定,国家公园等各类自然保护地独立登记单元范围内存在集体所有自然资源的,应当一并划入登记单元,并在登记簿上对集体所有自然资源的主体、范围、面积等情况予以记载。

登记单元是标示物权客体的法律手段,以生态空间为登记单元的登记体系显然超越了传统不动产登记的规定性要求。其一,不符合传统物权客体特定化的要求。通常认为,不动产登记的功能在于使物权支配范围的外部明确化。为便于向社会公示,物权的客体应为特定的独立之物。《物权法》也对此作出确认。[②]《暂行办法》将国家公园等各类自然保护地、湿地、水流、海域等

① 紫帽山风景区登记单元的土地总面积为 8,371,233 平方米,包括国有自然资源面积 824,399 平方米、其他不动产 738,546 平方米、已登记集体土地 6,808,288 平方米。参见 2017 年《武夷山国家公园体制试点区自然资源统一确权登记工作细则》。

② 《民法典》第 114 条第 2 款规定:"物权是权利人依法对特定的物享有直接支配和排他的权利,包括所有权、用益物权和担保物权。"

生态空间作为登记单元，此种空间形态的整体登记，突破了现行物权法体系中物的特定性的判定标准，被称为“三维登记”。[①] 作为独立登记单元进行登记的国家公园、自然保护区、湿地等，系由经济功能各异、各具独立利用价值的多品种自然资源结合而成的，按照物的使用功能独立性原理，难以将其视为物权法上的独立物。同时，称为“二维登记”的生态单元内的自然资源数量和质量，属于多种资源的共同登记，也突破了单一客体登记的规则。以生态现状为标准的整体登记则走得更远，自然资源的整体覆盖了单一资源的独立性。例如，山体登记的对象是特定山体的外貌、自然景观等资源环境。其二，不动产登记的功能旨在实现“一物一权”。按照传统不动产物权登记的原理，物权登记旨在通过登记单元的设置实现权利客体的特定化，并在其上设定唯一的所有权主体，以便定分止争。生态空间登记出现的同一登记单元内全民主体和集体主体并存的状态，需要按“一物一权”原理作出新的解释。

（三）管制性登记事项的从属效力与管制需求之间的掣肘

《暂行办法》第9条第1款规定：“自然资源登记簿应当记载以下事项：（一）自然资源的坐落、空间范围、面积、类型以及数量、质量等自然状况；（二）自然资源所有权主体、所有权代表行使主体、所有权代理行使主体、行使方式及权利内容等权属状况；（三）其他相关事项。”上述自然资源登记簿的内容以资源物权的状态为核心，可称为权利事项登记。该条第2款又规定，“自然资源登记簿应当对地表、地上、地下空间范围内各类自然资源进行记载，并

① 《暂行办法》第11条规定的“自然资源登记簿附图内容包括自然资源空间范围界线”，第17条规定的“无居民海岛按照‘一岛一登’的原则，进行整岛登记”，以及《自然资源统一确权登记工作方案》在水流、湿地确权登记采用的三维登记模式，均是空间立体性“三维登记”的具体体现。

关联国土空间规划明确的用途、划定的生态保护红线等管制要求及其他特殊保护规定等信息”。此为管制性事项的关联登记。《试行办法》曾在第 4 条规定:“自然资源确权登记以不动产登记为基础,已经纳入《不动产登记暂行条例》的不动产权利,按照不动产登记的有关规定办理,不再重复登记。自然资源确权登记涉及调整或限制已登记的不动产权利的,应当符合法律法规规定,并依法及时记载于不动产登记簿。”可见,《试行办法》将管制性事项登记纳入登记簿的范围,作为权利登记的内容,第 9 条要求自然资源登记簿要记载“自然资源用途管制、生态保护红线、公共管制及特殊保护要求等限制情况”。而《暂行办法》改变了管制性事项的登记方式,将其从登记簿的权属事项登记变为关联登记事项,①即属于第 9 条规定的“其他事项”。虽然管制性事项仍然属于法定的登记范围,但是登记的效力有所降低。这是因为,《暂行办法》没有规定关联登记的物权性效力;关联登记因属于公共事项,信息查询的权利主体只能是申请登记的公共机构,利害关系人不享有不动产物权登记的信息查询权利。②《暂行办法》规定了自然资源登记簿在登记前 15 日社会公告程序,公告期内,相关当事人对登记事项提出异议的,登记机构应当对提出的异议进行调查核实。③ 第 31 条规定:“自然资源确权登记结果应当向社

---

① 根据《试行办法》附件一“自然资源登记簿填写说明”,登记簿需要登记资源的管制性登记事项。自然资源登记簿记载的事项包括:自然资源登记单元号、所有权人(国家自然资源所有权的权利人填写“全民”)、所有权代表行使主体、所有权代表行使内容(暂不填写)、总面积、总数量、类型、类别、面积(自然资源的分类别面积)、数量(分类别数量)、质量(自然资源的分类别质量)、空间坐标、位置说明或者四至描述、用途管制要求、生态红线要求、特殊保护要求、变化原因、变化内容。

② 相比之下,《登记条例》第 27 条规定,“权利人、利害关系人可以依法查询、复制不动产登记资料,不动产登记机构应当提供”。

③ 参见《暂行办法》第 26 条。

会公开,但涉及国家秘密以及《不动产登记暂行条例》规定的不动产登记的相关内容除外。"这里,登记的结果应指《暂行条例》规定的权利登记结果。对管制事项,相关当事人不能行使不动产登记法律赋予的申请查询登记信息的权利,只能借助政府信息公开行使知情权。由于不动产登记的程序价值是将不动产权利信息纳入登记簿,通过信息的查询权利,利害关系人能够知晓相关权利在登记之前就已经存在或者知晓其状态,使这些权利获得法律的承认和保护。管制性事项的关联登记显然不能产生权利登记的公信力。

管制性事项在登记中较低登记效力的规则设计,来源于传统财产权登记理论的局限。在传统不动产物权登记中,按照登记能力法定的原则,可登记的财产权以可公示性为准,其分为不动产物权、法律规定的需要登记的财产权。根据《民法典》物权编的规定,登记事项公示后依次产生确认物权、设定物权、对抗第三人的法律效力。对于自然资源管制性事项的登记能力,按照学者的解释,因管制性事项具有普遍适用的法律后果,对任何人都具有绝对的效力,因而无须公示。即因法律强制性规定产生的法律关系和负担,无须登记。① 在比较法上,超出可登记的物权范围视为不具有登记能力。在美国,不动产普遍受到分区规划条例、住房法以及其他不动产利用管理规章限制的约束。所有的法域都认为,存在上述法规、条例和规章本身不是一种负担。②在我国,现行自然资源物权登记也涉及管制事项,但其登记能力依托民事物权登记。例如,2002 年《海域使用管理法》规定,申请海域使用权应提交用海

---

① 参见程啸:《不动产登记法研究》,法律出版社 2018 年版,第 158 ~159 页。

② 参见[美]约翰·G. 斯普兰克林:《美国财产法精解》,钟书峰译,北京大学出版 2009 年版,第 417 ~418 页。

规划审批、环境评估、使用类型等文件;[①]海域使用申请人自领取海域使用权证书之日起,取得海域使用权。海域使用权证书应记载海域使用权的期限、用途。但是,通常来说,相关用途作为海域使用权的内容对待;其他相关管制限制只作为行政管制的依据,而非发生排他效力的登记事项。学者认为,对比物权登记的公信力,管制登记仅具有从属性。[②] 自然资源统一登记的目的是明晰生态空间的管制需求,在公示物权状态的同时,公示自然资源的用益限制,以明确权利行使的方式、保护需求和监管责任。《暂行办法》的关联登记规定依从于传统不动产登记的逻辑,不利于资源管制的实现。

二、自然资源统一登记保护性兼具交易性功能的重新定位

上述自然资源登记与不动产物权登记制度的不协调,本质上反映了两者在立法目的上的差异,自然资源统一登记的功能应重新审视。目前我国学者对此问题尚无系统性的研究。笔者认为,以构建交易秩序为目的的不动产登记制度不能完全适应自然资源统一登记的价值日标和生态保护等公益需求,破解上述问题的路径是重新定位自然资源登记的功能,保护优先兼顾交易安全是其制度的价值所在。

传统不动产物权登记具有双重制度功能:第一,确认物权归属,构建信赖利益,维护交易安全。此为交易功能。第二,促进国家对不动产产权和交易

① 《海域使用管理法》第17条第1款规定:"县级以上人民政府海洋行政主管部门依据海洋功能区划,对海域使用申请进行审核,并依照本法和省、自治区、直辖市人民政府的规定,报有批准权的人民政府批准。"

② 参见常鹏翱:《中国大陆的不动产登记制度》,载谢哲胜、楼建波主编:《两岸房地产法比较研究》(一),台北,元照出版有限公司2018年版,第122页。

行为进行规制、征收税赋和宏观调控。此为管理功能。① 在功能排序上，维护交易安全的交易功能居于首位。原因在于：其一，通过登记可以实现“推定知悉”的物权变动信息公开，将物权登记作为不动产物权的公示要件或者对抗要件，以防止交易风险和保护善意当事人的信赖利益。其二，登记簿作为确认物权权属的根据，产生权利推定的效力。② 相比交易功能，登记的管理功能处于派生性的地位。其一，管理功能的发挥依赖于对登记形成的物权公示信息的应用，例如，完备的不动产登记信息能够便利国家征税权的行使。2019年修改的《契税暂行条例》（国务院令224号）第11条第1款规定：“纳税人应当持契税完税凭证和其他规定的文件材料，依法向土地管理部门、房产管理部门办理有关土地、房屋的权属变更登记手续。”登记的征税功能是，利用不动产登记中债权原因确定征税环节；按照物权的交易价值确定交税的税基；根据房地产市场交易的总体数据，确定不动产市场的价格变动和房地供给总量，为国家房地产市场的宏观调控提供数量依据。其二，不动产的管理涉及国家不动产利用的民事行为、权利确认的行政行为、市场规制与宏观调控的经济法律行为诸方面，不动产登记的前置审查和信息公示只涉及部分事项，并采用形式审查的方式，登记机关不宜也无法主动地承担过多的管理责任。本质上，不动产登记的制度定位于依行政公信力发生民事后果的特殊行政行为。无论学界对于不动产登记行为性质主张行政行为说、民事行为说还是准行政行为说，不动产登记的根本目的是贯彻物权的公示与公信原则，行政管

---

① 参见常鹏翱：《中国大陆的不动产登记制度》，载谢哲胜、楼建波主编：《两岸房地产法比较研究》（一），台北，元照出版有限公司2018年版，第63页。

② 《民法典》第216条规定：“不动产登记簿是物权归属和内容的根据。不动产登记簿由登记机构管理。”

理具有工具性价值而非登记本身的目的。

但是,自然资源统一登记的制度目标则是保护性功能为主,兼顾交易功能。

第一,在功能定位上,按照《暂行办法》的要求,自然资源统一登记的目标是“形成归属清晰、权责明确、保护严格、流转顺畅、监管有效的自然资源资产产权制度”。2019年4月中共中央、国务院发布的《关于统筹推进自然资源资产产权制度改革的指导意见》(国发〔2016〕82号)规定了自然资源资产产权改革的首要原则是坚持保护优先、集约利用;正确处理资源保护与开发利用关系的原则。自然资源统一登记的价值功能在于以“登记”实现“确权”,促进保护优先、合理利用改革目标的实现。通过确权厘定各类自然资源资产的所有权主体、划清所有权行使的边界、最终落实监管责任;通过建立自然资源资产归属秩序,实现空间管制。对于生态空间的公共利益保护是登记的根本目的。

第二,在登记方式上,《登记条例》规定了不动产登记的自愿申请原则,以体现物权保护的私法自治。2016年实施的《不动产登记暂行条例实施细则》(国土资源部令第63号)第2条规定,“不动产登记应当依照当事人的申请进行,但法律、行政法规以及本实施细则另有规定的除外”。自愿登记之外的职权登记发生于注销登记和变更登记的特殊情形。但是,自然资源统一登记则由登记机构依职权或嘱托进行主动登记,登记的权利源于法定职责。《暂行办法》第22条第1款规定:“自然资源首次登记应当由登记机构依职权启动。”同时第28条对于依职权和嘱托办理变更登记、注销登记及更正登记的情形作出了具体规定。依职权或嘱托登记体现了自然资源主管部门为维护生态公益,公权力之于资源市场的必要干预,其行为性质不同于单纯的民事登记。

第三,自然资源登记事项拓展了不动产物权登记的范围。自然资源登记簿的登记事项主要包括自然状况、权属状况和其他相关事项,除了公示登记客体的权属状况外,在"自然状况"记载中,还需要登记自然资源登记单元的空间范围、类型、总数量;单元内自然资源的分类、数量;单元内自然资源的分类别质量等资源禀赋情况;关联管制要求及特殊保护规定,明确国土空间规划明确的用途、划定的生态保护红线等保护和利用限制要求。登记的内容凸显了资源保护的整体性和量化元素,①例如,《暂行办法》规定了一般不动产登记没有涉及的登记自然资源的质量,便于量化评估自然资源的权利价值,落实自然资源离任审计等国家对自然资源所有者的监管责任。同时,自然资源登记中管制行为的具体化和区分管制的程度大大超出了不动产登记中一般性的用途,而转化为禁止、限制、许可的不同管制梯度。②

强调自然资源统一登记的保护功能并不意味着偏废其交易功能,而是在不动产登记单一的交易功能之外扩张其生态保护功能;交易功能为顺畅流转、发挥市场机制的基础作用所必需。

一方面,《暂行办法》将物权法定作为登记原则,尊重不动产物权登记的

---

① 例如,《暂行办法》第24条第1款规定:"登记机构会同水利、林草、生态环境等部门应充分利用全国国土调查、自然资源专项调查等自然资源调查成果,以及集体土地所有权确权登记发证、国有土地使用权确权登记发证等不动产登记成果,开展自然资源权籍调查,绘制自然资源权籍图和自然资源登记簿附图……"

② 例如,沈阳市作为全国首个生态保护红线划定地区,2014年《沈阳市生态保护红线管理办法》(沈阳市人民政府令2014年第47号)第11条第1款规定:"生态保护红线区按照重要程度分为一类区、二类区。"第15条具体规定了诸如禁止私自挖塘、挖沟、筑坝、开采地下水等七类人为破坏生态环境的行为。

基本规则。其一，自然资源登记的客体采用空间单元为认定标准，《自然资源统一确权登记工作方案》要求，各地以土地为基础，确定土地及其承载的各类自然资源所有权及其边界，而不动产登记同样采用土地为基础的空间登记标准。其二，自然资源统一登记的对象主要为《物权法》明确列举的自然资源类型，如水流、森林、山岭、草原、荒地、滩涂、海域以及矿藏等，登记的权利类型为所有权通过完成初始登记，固定产权的初始配置。其三，自然资源登记尊重不动产登记所形成的资源物权的确定力。《暂行办法》第 5 条第 1 款规定："自然资源统一确权登记以不动产登记为基础，依据《不动产登记暂行条例》的规定办理登记的不动产权利，不再重复登记。"统一自然资源的物权登记能够为正在开展的国有自然资源使用权出让制度改革提供有效的产权基础。

另一方面，根据所承载的"生态功能重要程度"的差异，自然资源资产的用益权能配置目的不同。① 生态功能重要性程度意味着自然资源的保护功能与私权存在不同的契合方式。公益性自然资源以明晰所有权主体的管理职责，落实资源监管职责为主要运营目标，实行保护性利用，在登记中侧重保护性登记。例如，2017 年中共中央办公厅、国务院办公厅印发的《建立国家公园体制总体方案》的规定，"国家公园是我国自然保护地最重要类型之一，属于全国主体功能区规划中的禁止开发区域，纳入全国生态保护红线区域管控范围，实行最严格的保护"。在地方试点中，为实现保护性开发，将国家公园初

① 《生态文明体制改革总体方案》提出："创新自然资源全民所有权和集体所有权的实现形式，除生态功能重要的外，可推动所有权和使用权相分离，明确占有、使用、收益、处分等权利归属关系和权责，适度扩大使用权的出让、转让、出租、抵押、担保、入股等权能。"由此，"生态功能重要程度"成为自然资源资产分类的基本标准。

步划分为严格保护区、生态保育区、游憩展示区和传统利用区四类功能区,[①]对应不同区域类型的管制需要,在严格保护区多采取征收方式,而在游憩展示区和传统利用区则采用多种地役权的市场方式进行土地利用的适度规制。[②] 经营性自然资源则以明晰所有权主体的使用、收益权能,实现所有者财产权益为主,登记中侧重物权归属登记,通过推动所有权和使用权相分离的自然资源使用权出让制度改革,在严格的用途管制下,提升资源的利用效率。

三、自然资源统一登记物权法困顿之纾解

《暂行办法》规定的登记规则无法完全满足生态文明改革的需求。未来自然资源统一登记制度应以扩张登记能力为核心,对物权法不动产登记的相关制度进行调适,这不仅必要,而且可行。

(一)立法赋予自然资源国家所有权登记能力的正当性

关于国家自然资源所有权是否应当登记,学者有不同的观点。以国有土地所有权登记为例,否定观点认为,《土地管理法》规定了城市土地及法律规定属于国家所有的农村和市郊的土地由国家享有所有权,这是一种排除机制,只要不属于农民集体所有的土地,即归属于国家所有;这显然也是一种稳定机制,只要依法确定为国有,在性质上就不能转换成集体所有或个人所有。在不动产登记簿中将农民集体土地所有权明确后,其余土地即为国家所有,

---

① 云南省地方标准《国家公园基本条件》(DB53/T298—2009)。

② 参见秦大宝:《论国家公园国有土地占主体地位的实现路径——以地役权为核心的考察》,载《现代法学》2019年第3期。

当然,无须登记国家所有权。[①] 肯定观点认为,《物权法》并没有排除国有土地所有权登记,基于土地属于国家和集体两种归属,为防止集体侵占国有土地,应当进行登记。[②] 上述学术争论,因土地与其他自然资源的共性,也同样适用于自然资源国家所有权登记。在争论蜂起中,《民法典》物权编仍维持了现行《物权法》自然资源国家所有权可以不登记的规定。本书认为,未来不动产统一登记法应赋予自然资源国家所有权登记能力,理由如下。

1. 自然资源国家所有权的法定宣誓并不能解决国家所有权的私法构造问题

传统意义上,所有权是权能完整的支配权,是其他物权的源泉,是具有登记能力的物权形态。在理论上,登记豁免观点实际上是国家所有权统一性和唯一性观点的延伸,是以法定方式宣誓自然资源的国家所有权,是政治性目标的落实,并没有遵循主体特定和客体特定的物权法基本原理的法律科学性要求。[③] 具体表现在:第一,主体方面,国家是抽象的主体存在,无法如普通的民事主体一般对自然资源进行现实的管领和支配。物权因权利人与一定的财产利益之间的特定关系而产生,是其实施某种作用于物的行为的独立选择权和决定权。[④] "国家要参与到民事法律关系中,必须具体化为一定的意思机关和执行机关,使国家所有权的主体人格得到落实,意志得到实现。"[⑤]抽象的

① 参见常鹏翱:《中国大陆的不动产登记制度》,载谢哲胜、楼建波主编:《两岸房地产法比较研究》(一),台北,元照出版有限公司2018年版,第63页。

② 参见程啸:《不动产登记法研究》,法律出版社2018年版,第156页。

③ 参见孙宪忠:《"统一唯一国家所有权"理论的悖谬及改革切入点分析》,载《法律科学(西北政法大学学报)》2013年第3期。

④ 参见孟勤国:《物权二元结构论——中国物权制度的理论重构》,人民法院出版社2004年版,第84页。

⑤ 单平基、彭诚信:《"国家所有权"研究的民法学争点》,载《交大法学》2015年第2期。

国家本身无法作为物权法上的权利人。第二,客体方面,“在中国现行法及其理论上,自然资源系一抽象的、统一的‘物’或曰‘不动产’”,①全国范围内、遍布各处的各类自然资源系概括地作为国家所有权的客体,其范围广阔且并非特定。不特定的客体无法为主体呈现特定的支配利益,无法承载现实而具体的资源利用的权利与义务关系。

2. 自然资源国家所有权登记符合登记能力的规范要求

不动产登记是解决物权变动的技术手段,某项权利具有登记能力应满足两个方面要求:其一,权利具有可公示的规范性特征。由于登记能力的本质是物权利益的公开化,因此,在实体规范方面,登记能力围绕着物权主体特定、支配客体特定和明确物权效力内容展开,以使公示的物权状态在具体的法律关系下获得权利变动效力和排他效力。其二,登记的目的符合登记的制度功能,即确权及维护交易安全。

第一,自然资源国家所有权符合公示的规范性要求。其一,国家所有权的唯一性已被在自然资源产权改革中形成的多元主体代行国家所有权制度所打破,代行主体的利益归属及其形成的事实上的物权利益,满足了登记主体特定化的条件。所谓国家所有权主体的唯一性是指社会主义全民所有的财产只能由代表全民的国家享有,其他任何部门都不能分享这种权利,既不能独立于国家之外单独享有,也不能与国家共同享有。② 而自然资源国家所有权在发挥财产效用时必须采取市场化的民事行为方式,由此形成国有企业、受托经营等国家所有权主体实现的多元形式和利用权利的事实物权属性。在自然资源的国

① 崔建远:《再论界定准物权客体的思维模式及方法》,载《法学研究》2011 年第 5 期。

② 参见刘士国:《评“国家所有权主体的唯一性与统一性”》,载《山东法学》1998 年第 1 期。

家所有权领域,《生态文明体制改革总体方案》规定对国家公园、重要矿产资源等中央政府直接行使所有权,其他自然资源由中央委托相关部门代表行使所有权、地方政府代理行使所有权。[①] 代行主体按照资源属性行使资源的出让权、开发权、收益权、收回权等所有权人的处分权利,充分彰显了代行主体权利的物权人地位,在国家与代行主体关系上形成了双层所有权结构。以地方政府自然资源代理权为例。按照《土地管理法》《房地产管理法》《矿产资源法》规定,市、县两级人民政府负责区域内国有土地使用权和其他自然资源使用权的出让。登记地方政府代理人的资源物权,目的是保护地方性的区域发展权。根据区域发展权理论,区域发展权是一种特殊的产权,是以财产的处分权为核心,包括财产的占有权、使用权、收益权和处置权等一系列权利在内的排他性的权利集合。地方政府代理权符合私权的利益属性,具有的物权效力。其二,国家所有权的统一性已经因自然资源多元主体的空间占有权益特定化。传统的国家所有权的统一性理论认为,作为整体的全民所有财产,只能由代表全民的国家集中统一地掌握,以便统一配置,[②]因而没有区隔的必要。自然资源统一登记的构建,确定了自然资源国家所有权多元代行主体,一方面,形成了区域产权的空间表现形式,即附着在特定地域内的主体支配权益,为登记的特定化提供了条件。因为我国自然资源行政管理具有公共产权的"产权科层"与"行政科层"相对应的特征,地方政府的资源支配权边界在横向上以相邻行政区的具体管辖范围确定,纵向上以上级对下级政府管理职权界分。按照国务

---

① 《生态文明体制改革总体方案》第8条规定,"中央政府主要对石油天然气、贵重稀有矿产资源、重点国有林区、大江大河大湖和跨境河流、生态功能重要的湿地草原、海域滩涂、珍稀野生动植物种和部分国家公园等直接行使所有权"。

② 参见刘士国:《评"国家所有权主体的唯一性与统一性"》,载《山东法学》1998年第1期。

院《行政区域界线管理条例》规定,国务院决定的地方土地边界具有最高的法律地位,已经划定的行政区域边界形成地方政府资源代理权的客体边界。另一方面,按照生态空间单元登记又结合了自然属性的特定功能,细化了登记单元的标准,由此,地方政府自然资源代理权支配客体在空间范围上可以进入排他性登记的规范体系。

第二,国家自然资源所有权登记符合登记中确权的制度功能。由于自然资源国家所有权不能交易,不必要对其物权变动进行表彰,但仍需要以登记之确权构建不同公有权利主体之间的产权秩序。其一,自然资源统一登记有助于厘清国有与集体资产的权利边界。在现行法上,除矿藏、水流、海域专属于国家所有之外,森林、草原、荒地等自然资源可以同时作为国家所有权或集体所有权的客体;在资源空间范围上,国有自然资源经常与集体所有的土地和森林等资源边界发生占有和利用上的重叠。现行法律为自然资源完成了公有的"国家宣誓",而无法完成排他性的确权,国有自然资源事实上处于"产权真空"的无序占有状态。① 相关统计显示,在广西壮族自治区,全区被侵占的国有林场林地已达到209.9万亩(区直林场97.2万亩,市县林场112.7万亩)。在权属争议或边界不明晰的国有林场林地上,村民经常擅自进行生产经营活动并改变林地性质,严重侵犯了国有林场的所有者权益。② 在海南省等地,也大量地存在国有农场被农民侵占的现象。③ 其二,自然资源统一登记

---

① 参见王克稳:《论自然资源国家所有权的法律创设》,载《苏州大学学报(法学版)》2014年第3期。

② 2018年《北海市国有林场被侵占林地综合整治工作方案》第4条第2款第5项。

③ 参见况昌勋、王亮:《海南农垦推行农业用地规范管理,破解土地管理难题》,载海南农垦网,http://www.hifarms.com.cn/index.php? m=content&c=index&a=show&catid=43&id=331,最后访问日期:2019年5月3日。

有助于厘清国有自然资源所有权行使主体的权利与责任边界。目前,多数自然资源单行法只作出了国有自然资源所有权由国务院代表全民行使的宽泛规定。《生态文明体制改革总体方案》规定了中央委托相关部门、地方政府代理行使所有权的情形,但代理行使主体的权利边界还没有完全划定,不同层级和相同层级的地方政府之间的行政管理边界不明,资源空间的绵绵不断往往导致资源监管职责不明和权益纷争。按照 1989 年颁布《行政区域边界争议处理条例》的规定,这些争议以政府间协议和争议的共同上级机关裁决的方式解决,①其协商和裁决的结果并不具备对社会公众和第三人的公示效力,需要通过确权登记,规定国家所有权的权利行使主体和管理权边界。

3. 赋予自然资源国家所有权登记能力在我国具有路径依赖的优势

在大陆法上,自然资源的民法调整以公产和私产的二元区分为特征。一般认为,在登记规则上,国家公产受公法支配,适用行政登记;国家私产受私法支配,适用不动产物权登记。例如,在德国,《联邦运河法》规定,运河归联邦政府所有并依行政管理方式行使所有权;《联邦水道法》规定,海水水道所有权归属于联邦;各联邦的水法也区分了公共水域和私人水域。②

关于公产权利登记的立法例,大体存在以下两种代表性模式:第一种,适用专门登记程序,但其效力适用民法上不动产物权登记规则。第二种,国家公产一般不具有登记能力,特殊情况下适用民事登记。在瑞士,除法律另有

---

① 参见 1989 年国务院《行政区域边界争议处理条例》第 3 条。

② 在德国,河流分为大河(第一序列的河流)、河(第二序列的河流)与溪流(第三序列的河流)。第一序列的河流属于国家,第二序列、第三序列的河流成立沿岸居民之私人所有权(只要各州法确实认可这种私人所有权),且其所有权之划分,以河流之中心线为界。参见[德]汉斯·J. 沃尔夫、[德]奥托·巴霍夫等:《行政法》(第 2 卷),高家伟译,商务印书馆年 2002 年版,第 457 页。

限制的以外，土地所有权的效力及于建筑物、植物及水源。[①]《瑞士民法典》在第25章“不动产登记”中，于第944条第1款规定：“对于非私人所有的不动产和公用不动产，如果存在应登记的物权，或州法规定应办理登记，只有在这种情形下，才办理登记。”在韩国，纳入《不动产登记法》的登记对象限于土地和建筑物。[②] 因实行登记的目的在于通过公示方式保护私权，韩国现行法规定，公有水面下的土地和河川法上所谓的“河川区域”，均不纳入登记。[③]《意大利民法典》在详细地列举了国家公产类与私产类自然资源范围的同时，根据第823条的规定，公产类自然资源主要通过行政手段和民法规定的所有权保护的一般手段进行保护。[④] 由于《意大利民法典》禁止公共财产和国有财产转让，公共财产和国有财产登记不能适用第六编规定的以不动产转让为基础的不动产决定登记，而适用行政登记程序。

在中华人民共和国成立后，我国国家所有权立法并未采用依客体性质进行分类调整的技术路径，而形成了统一调整国家公产与国家私产的历史积淀。按照相关政策，全民所有自然资源是指宪法和法律规定的属于国家所有的各类自然资源，主要包括国有土地资源、水资源、矿产资源、国有森林资源、国有草原资源、海域海岛资源等。[⑤] 现行自然资源法上的“资产”一词在公产和私产意义上并无法律地位的区分，而是被统一赋予“自然资源资产”的法律

---

① 参见《瑞士民法典》第667条。

② 韩国《不动产登记法》(2017年修订)第14条第1项规定：“登记簿，分为土地登记簿与建筑物登记簿。”

③ 参见崔吉子：《韩国物权法专题研究》，北京大学出版社2013年版，第225页。

④ 《意大利民法典》第823条第2款规定：“保护国有公共财产的权利属于行政机关。行政机关可以采用行政手段或者本法典规定的一般手段保护国家的所有权和占有权。”

⑤ 参见2016年《国务院关于全民所有自然资源资产有偿使用制度改革的指导意见》。

地位。自然资源产权改革的政策依据是根据自然资源的生态重要性程度不同,确定不同的所有权行使主体和管制程度。① 在国家所有财产的管理上,国有动产按照国有资产法调整,国有不动产按照各资源品种由行政主管部门分别行使所有权(现统一由自然资源部行使)。因此,自然资源统一登记适用私法的不动产物权登记规则,能够产生节约立法成本的制度收益。

(二)生态空间登记与"一物一权"规则的调适

不动产登记的功能在于通过客体的特定化确定物权的边界,使不同物权人之间的权利发生区隔。按照传统物权登记制度,登记客体是各类单一的自然资源。自然资源统一登记中,生态空间具有生态效用上的整体性,作为新型客体,符合"一物一权"的根本要义。

1. 生态整体性体现了现代社会物之独立性原理新发展

20 世纪以来,随着知识经济的发展,自然资源的开发和利用呈现综合、高效的趋势,民事权利的客体早已突破了罗马法单一物的限制,人类可支配的自然力已被纳入物的范围。1912 年生效的《瑞士民法典》第 713 条规定:"性质上可移动的有体物以及法律上可支配的不属于土地的自然力,为动产所有权的标的物。"美国公共信托理论的适用范围已由最初的水资源领域扩展至大气、河流、湖泊、海洋、可航行水域之下的土地、海岸、湿地、森林、野生生物、自然地质等几乎所有的自然资源,②基于信托的契约关系,美国的自然资源空间均被纳入登记的范围。《俄罗斯联邦民法典》第 134 条第 1 款规定:"如果

---

① 《生态文明体制改革总体方案》提出:中央政府主要对石油天然气、贵重稀有矿产资源、重点国有林区、大江大河大湖和跨境河流、生态功能重要的湿地草原、海域滩涂、珍稀野生动植物种和部分国家公园等直接行使所有权。

② 参见陈华彬:《物权法原理》,国家行政学院出版社 1998 年版,第 54 页。

不同种类的物构成一个按共同用途进行使用的统一的整体，则它们被视为一个物（复杂物）。"①生态空间登记实则将具备某种特征、相对独立的生态系统作为独立的生态之物，这意味着立法者以各自然物之间的生态整体效用完成了对于"生态一物"的拟制。

在理论上，现代物权法强调以观念上的独立性扩张物理上的独立性。按照"山水林田湖草是一个生命共同体"的系统思想，物权法上的特定物从单一的物变成整体的"生态一物"，生态功能的整体性成为判断物的独立性的重要标准。生态空间由国土空间上以一定比例与结构形成的地域空间构成，具有整体性、复合性和独立价值，②依据生态功能的特定性，与其他自然空间发生区隔。自然资源统一登记能够确定不同生态空间的利用方式，符合物权客体区分权利对象和支配边界的根本要义。具言之，物权法以"发挥物的效用"为指导原则，在确定物权客体时，以物的经济效用和生态效用作为"一物"的判定标准，由于登记技术拓展了特定化的手段，"能够独立成为一物，不独应从形式上判定，而且也应从能否满足人们的生活需要、经济观念予以判定"。③正如，横亘不断的土地通过登记的观念可区分各宗地一样，可登记的客体除了具有物理上独立存在的特性，也应包括社会观念上的独立价值。生态空间具有不同于传统客体的特点。

第一，生态空间的独立性分为两个层次：其一，特定化登记呈现嵌套式的分层状态，即在基础层次上，登记保持了传统物权法单一之物的独立性判断

① 《俄罗斯联邦民法典》，黄道秀、李永军、鄢一美译，中国大百科全书出版社1992年版，第72页。

② 参见刘超：《自然资源产权制度改革的地方实践与制度创新》，载《改革》2018年第11期。

③ 陈华彬：《物权法原理》，国家行政学院出版社1998年版，第56页。

标准,以体现其财产属性;其二,在生态层次上,登记以各单一物生态功能的关联性确定生态的整体性,并划定空间登记的边界。

第二,生态空间作为客体不同于一般意义上的集合物。集合物由数个独立的单一物集合而成。集合物可以为单一的交易标的物,也可以就集合物中的各物或者多种类的集成之物设定权利;一种或者多种单一物作为权利客体的选择由权利主体的主观意志决定。在覆盖多数独立物的数量特征上,生态空间有集合物的外观,但在各单一物间关系和权利行使上与之具有本质的区别。其一,自然资源的生态价值从形态上表现为整体性价值,并非如财产价值一样具有可分性,①其生态效益并非权利人能够排他性地独享,关联空间范围内的收益具有外部性特征。因而正如生态环境权利不可分割一样,某一特定功能的生态空间作为登记客体也具有不可分性。其二,现行法上明确列举的各类自然资源,但在资源要素共同形成的生态空间中,各资源品种共存形成的生态功能,才是资源效用最大价值所在。因而,"生态一物"的范围是客观的,并非权利主体选择的结果。各资源品种作为单一物,只有在符合生态要求的情况下,权利人才能行使财产权利。集合物的概念只解决自然资源各品种的所有权和用益物权等财产权共同行使的问题,并不能涵盖各资源品种的相互联系和依赖性。以集合物解释空间登记存在以资源品种分割生态整体的风险。

第三,生态空间的自然状态本身即具有生态价值,可以作为登记的客体,典型的情形是《暂行办法》将山岭作为独立的生态空间,正如林木长于山林、

① 参见李挚萍:《环境基本法比较研究》,中国政法大学出版社2013年版,第68页。

滩涂依偎于海岸线、矿产埋藏于地壳、野生动物生存于栖息地等。若人类的资源利用行为破坏了其自然存在的状态,则可能使生态系统受到破坏,从而影响环境与气候的稳定性。依据自然现状登记的意义在于,为景观生态保护提供依据,为生态环境的修复提供恢复原状的标准。

2. 生态空间单元内的不同物权并存与保护性登记的目标并无矛盾

第一,自然资源统一登记的确权规则与“一物一权”原则并无根本冲突。按照“一物一权”的原则,一物之上并存的物权不得内容相互抵触,目的是消除物权排他性效力的障碍。“一物一权”原则适用于物权确认和排他性处分等交易性法律行为,呈现于以登记为成立要件或者对抗要件的物权关系。而自然资源国家和集体所有权的权利设定系基于法律规定或者法定原因;且在我国,自然资源所有权的法律处分受到法律的禁止。两者适用的情形不同。

第二,因自然资源统一登记定位于保护功能,同一生态空间并存的多项物权与“一物一权”原则并不冲突。“一物一权”原则包括物权排他性和客体特定性两方面内容,旨在排除“一物”之上权利行使的冲突,进而降低物权的支配效力。生态空间内存在的不同所有权登记属于嵌套式登记中基础的权属登记,生态空间作为整体登记的意义在于明确生态保护的主体,其中所有权登记发挥着基础的作用,能够揭示和构造在市场配置的私权基础上公共规制关系,使生态空间的整体保护行为与空间内各主体享有的权利相融合。例如,将生态空间单元进行独立的国家所有权登记主要适用于两种情况:一种是自然资源专属国家所有,如矿产资源。此时,不存在与其他主体权利并存问题。另一种是生态空间存在集体所有权但作为独立登记单元并予以单独登记的情况,如国家公园等各类自然保护地、水流、湿地等,登记为全民所有,但内部存在集体所有的自然资源。此时，生态空间登记的全民所有，并非单纯的财产性物权，而是具有公益性的公共产权。① 按照产权经济学的原理，公共财产权具有不可分性，即财产在法律上是公众所有的，但构成公众的每一成员都不能对财产声明所有权；公共财产没有排他性使用权，社会公众都可为使用公共财产而自由地进行竞争。② 以此，生态空间登记国家所有权的目的在于生态保护下的公益性利用，其与集体经济组织的资源所有权是两个不同层次的权利，后者受国家公共所有权的约束，两者不发生冲突。

第三，现代数字技术可以明确不同权利主体在同一生态空间的权利支配范围。依《不动产登记实施细则》第 5 条的规定，不动产单元是指权属界线封闭且具有独立使用价值的空间。与不动产登记单元相同，自然资源登记单元是用以确定自然资源能够作为一个独立的物记载于登记簿的基本单位。③ 通过登记的唯一编码来实现承载的特定、具体的登记单元，以有效地区分权属边界与管理或工作边界、行政区划边界，进一步划定水流岸线生态空间的单元、探明储量矿产资源的单元、湿地等资源综合体的单元边界。在生态空间资源品种非单一国有的情况下，嵌套式登记能够利用三维技术明确不同主体的权利范围，协调生态空间登记与“一物一权”原则间的关系。

---

① 对此分类，有学者提出“三元权利”分类。参见黄桂琴：《我国自然资源国家所有权物权属性研究》，载《石家庄经济学院学报》2006 年第 3 期。也有学者提出私人财产权和公共财产权的“二元权利分类”的观点。参见刘剑文、王桦宇：《公共财产权的概念及其法治逻辑》，载《中国社会科学》2014 年第 8 期；蒋大兴：《论私法的公共性维度——“公共性私法行为”的四维体系》，载《政法论坛》2016 年第 6 期。

② 通常认为，根据财产权的排他程度，可以把财产权区分为私有财产权、公共财产权和共有财产权等。参见周林彬：《物权法新论——一种法律经济分析的观点》，北京大学出版社 2002 年版，第 371 页。

③ 参见程啸：《不动产登记法研究》，法律出版社 2018 年版，第 145 页。

3. 将同一生态空间纳入不动产登记，有利于促进一体登记原则的实施

一体登记是我国不动产登记的原则，具有强制性，其内涵是，土地使用权、海域使用权的权利主体与其上的建筑物、构筑物、森林、林木等所有权的权利主体保持一致，①并由同一登记机关实施。一体登记的目的是将同一地域内的不同不动产或者不动产上的不同物权统一由一个不动产登记机构在一个登记簿上进行登记；登记的不动产单元依一体原则确定，以保持不同的独立物及其上权利的关联性。② 我国现行的房地产登记已经实施了"地随房走""房随地走"的一体登记，但对于生态空间而言，一些集体所有土地上的自然资源由于资源品种交织、权利边界不清等原因，并没有完成确权登记。例如，水资源登记往往因水流界限划定标准不清，难以登记；有的权利人因对自然资源长期占有，形成事实上的权利进而疏于登记。如此弊症，导致同一生态单元内无法完整地呈现各资源物权的状态。通过生态空间的划定，使同一空间内自然资源统一纳入登记，有利于规范各资源物权的产权秩序。

(三)将管制性事项回归权利登记，赋予其物权限制效力

1. 管制性事项纳入权利登记的依据

按照《暂行办法》规定，管制性事项仅能进入关联登记而非权利登记的范围。这将发生管制性事项登记不产生公示效力的结果。自然资源统一登记的保护功能定位将转变不动产登记的理念。为实现自然资源保护功能，管制性事项应在权利登记事项中予以公示，登记对权利人或者交易的利害关系人

---

① 《不动产登记暂行条例实施细则》第2条第2款规定："房屋等建筑物、构筑物和森林、林木等定着物应当与其所依附的土地、海域一并登记，保持权利主体一致。"

② 参见程啸：《不动产登记法研究》，法律出版社2018年版，第133页。

发生权利限制的效力。理由如下：

第一，管制性事项纳入权利登记符合不动产登记的安全价值。现代物权公示制度是基于保护交易安全的目的发展起来的。在传统的维护交易安全的登记理念下，安全价值只施惠于交易的相对人和潜在的交易主体，并通过物权无因性、公示与公信原则加以实现。现代社会，自然资源已经成为社会性财产，并作为可持续发展的物质基础，不动产登记的安全价值应当扩展为资源利用的社会安全，应突破保护第三人交易安全的视域，而赋予其维护公共利益的机能。管制性事项纳入权利登记能够提升不动产登记的价值位阶。

第二，自然资源的利用限制决定了其使用权能的范围。管制性事项登记实质是公示其物权的消极内容。民法物权制度调整物的归属和利用关系，自然资源所有权关系和用益关系需通过登记记录其客观状态。管制性事项登记的功能是所有权的权利限制或者用益物权支配的范围公开化，对社会潜在利用主体预告物权支配效力的范围。例如，按照 2017 年修正的《自然保护区条例》第 18 条规定，自然保护区可以分为核心区、缓冲区和实验区，物权人在不同区域的资源利用权受到不同程度的限制。自然资源的利用限制也决定了物权上的负担，影响权利人的收益权能。例如，公益林的林地使用权人享有的收益权要受到禁止砍伐等处分的限制；经济林的权利人抵押、砍伐等行为也应取得相关的许可。同时，管制性事项涉及的禁止性规范通常是法律、行政法规规定的强制性效力规范，其决定着自然资源产权流转合同的效力。自然资源产权交易具有价值大、订约程序复杂（如出让自然资源使用权的招拍挂程序、转让的审批程序）、投资不可逆的特点。管制性事项登记无疑可以帮助利害关系人规避管制的风险，防止发生合同无效的损失及事后资源恢复的成本。因此,管制性事项在维护公共利益的同时,也具有预告物权风险的功能。例如,按照德国《土地登记条例》的规定,登记簿记载的对房地产建筑的公法限制,如根据市政规划建筑物必须与房地产的边界保持特定的距离,建筑物限于特定用途,或建筑物需与周围景观协调一致等,它们均纳入建筑负担登记簿;地籍登记簿中,开发规划等信息的文件,同样具有公示效力。① 可见,管制性事项纳入权利登记的范围,符合不动产登记维护交易安全的目的。

第三,管制性事项纳入权利登记能发挥不动产登记的信息补全和校正功能。《暂行办法》第5条第2款规定:"自然资源确权登记涉及调整或限制已登记的不动产权利的,应当符合法律法规规定,依法及时记载于不动产登记簿,并书面通知权利人。"不动产登记的重要功能是揭示权利的信息,以登记簿的公信力构建"权利外观"的基础,消除当事人之间在权利行使和交易中的信息不对称,保证在信息全面、真实的情况下,相关主体作出资源利用的理性选择。

在此意义上,不动产登记发挥着信息的供给功能,自然资源的管制性事项登记具有强化这一功能的作用。

首先,自然资源的分类和利用限制因其复杂性凸显出交易主体间的信息不对称。采用传统的公示方法无法使第三人和社会公众产生"推定知悉"的效果。自然资源统一登记背景下,自然资源的登记范围已极大地超越传统不动产登记。一方面,传统不动产登记中可登记的财产权以土地、房产及其附

---

① 参见王志成:《德国不动产登记制度管理发展现状》(四),载《资源与人居环境》2017年第2期。

属物等生态功能重要性较低的不动产为基本客体。房产及其附属物的法律限制属于物权人自由交易的特殊情形；由于土地用途管制的存在，土地经营权的物权变动由集体经济组织以同意权加以控制。① 但是，自然资源登记中登记的对象不仅覆盖物权法明确列举的自然资源类型，登记的用途限制也已从单一资源品种的利用限制，演变为资源整体的空间管制。另一方面，自然资源统一登记的管制事项无法由传统不动产登记的权利限制所承载。依照《登记条例》第8条规定，"不动产登记簿应当记载以下事项：(一)不动产的坐落、界址、空间界限、面积、用途等自然状况；(二)不动产权利的主体、类型、内容、来源、期限、权利变化等权属状况；(三)涉及不动产权利限制、提示的事项；(四)其他相关事项"。按照原国土资源部2016年公布的现行不动产登记簿证样式，用途事项登记仅在土地使用权登记中按照《土地管理法》分类表述，权利限制一般指抵押权、司法查封、地役权等民事上的权利负担。而自然资源统一确权登记包括用途管制、生态保护红线、公共管制及特殊保护要求。在登记技术上，《暂行办法》关联登记簿的管制事项不能完全转化成《登记条例》的权利限制事项或者提示事项，因此，需要以自然资源登记簿记载公共管制对权利的各种限制。将管制性事项纳入权利登记可防止信息的残缺与扭曲，损害登记的公信力。

其次，与不动产登记的信息生产、审查、供给的信息登录过程相似，自然资源管制性事项登记，不适用当事人申请的自愿登记主义，而采用国家干预

---

① 2018年修订的《农村土地承包法》第14条规定："发包方享有下列权利：……(二)监督承包方依照承包合同约定的用途合理利用和保护土地……"第34条规定："经发包方同意，承包方可以将全部或者部分的土地承包经营权转让给本集体经济组织的其他农户，由该农户同发包方确立新的承包关系，原承包方与发包方在该土地上的承包关系即行终止。"

和实质审查原则,能够保证登记信息的完备性和正确性。物权法意义上的不动产登记,是作为一种法律事实对物权变动发挥效力。[①] 例如,《暂行办法》规定了管制性事项登记的法定机关及其职责,要求登记以集体土地所有权确权登记发证、国有土地使用权确权登记发证等不动产登记成果为基础,充分利用自然资源权籍调查、全国国土调查、自然资源专项调查等自然资源调查成果。《暂行办法》第 25 条规定:“登记机构依据自然资源权籍调查成果和相关审批文件,结合国土空间规划明确的用途、划定的生态保护红线等管制要求或政策性文件以及不动产登记结果资料等,会同相关部门对登记的内容进行审核。”上述规定能够保证管制性事项登记信息的完备性,使管制登记具备形成信赖利益的信息能力,产生法律上的公信力。

第四,将管制性事项纳入权利登记体现了我国自然资源产权制度的特殊要求。我国自然资源国家所有权具有公共产权的属性。其一,现代所有权立法的目标已由保护“私人占有”转变为维护“公共分配”。以管制为特征和监督权利的行使,成为自然资源所有权制度的重要方面。其二,作为公共产权,“除了一般意义上的私法权能外,自然资源国家所有权还包含着规制、管理等一系列具有公权力色彩的权能,这种公法权能本质上是对所有权自由的限制,是其实现自我规制的重要方式”。[②] 澳大利亚学者兰西尼(Ian Thynne)提出了公共领域自然资源所有权的动态理论,认为现代社会公共所有权关系正由“所有者和管理者”关系向“委托人和代理人”关系转变。这种关系的结构

① 参见孙宪忠:《不动产登记基本范畴解析》,载《法学家》2014 年第 6 期。

② 叶榅平:《自然资源国家所有权的双重权能结构》,载《法学研究》2016 年第 3 期。

和动力又以利益因素而被重塑。[①] 管制性事项登记对于完善我国自然资源产权及权利行使制度具有重要的意义。一方面,有利于构建资源用途的裁量基准,结合资源所有权主体、代理主体、代表主体的登记,明晰监管者的责任。《生态文明体制改革总体方案》要求,明确不同层级的政府行使所有权的资源清单和责任清单,明确自然资源资产"归谁有""归谁管",形成权责对等的资源监管体系。由于自然资源的动态性,资源利用的消耗和生态损害需要基于登记时的现状加以核定。自然资源统一登记试点的经验证明了这一结论。以陕西省渭河流域为例,河道生态流量、生态自然修复、水污染防治等长期面临着治理难题——自然资源归国家所有,但行使主体不明确;河流水面、堤坝等由水利部门管理,但水依附于土地之上,土地归原国土资源部门管理,两个部门所监管的范围重叠,监管要求也不尽相同,导致监管不力。国家将渭河作为水流确权登记试点后,明确了渭河水域、岸线等水生态空间的保护主体和权责,划定了水域、岸线功能区划,明确了分区用途和监管的要求。[②] 另一方面,在地方政府自然资源代理权与监管权合一的情况下,基于自然资源的地域性,地方政府保留着资源的剩余索取权,中央政府与地方存在着非对称信息下的博弈。为了地方利益的最大化,代理人可能隐藏和扭曲信息。管制性事项登记能够完备监管信息,使作为委托人的中央政府能有效地防止代理人发生逆向选择和道德风险。

---

① See Ian Thynne, *Ownership as an Instrument of Policy and Understanding in the Public Sphere: Trends and Research Agenda*, Policy Studies 32, 2011, p. 189 – 192.

② 参见李倩:《为"两统一"职责夯实产权基石——访谈自然资源确权登记局局长冷宏志》,载《国土资源》2018 年第 11 期。

2. 管制性事项在登记簿中的具体设计

《暂行办法》将管制性事项置于"关联事项"的地位,显然不能满足生态文明建设的法治要求。自然资源统一登记之下,生态功能对资源利用方式限制不是特例而是常态,因此,未来立法必须改变上述状况,将管制性事项从关联登记提升至自然资源登记簿,变为权利登记的内容,使其具有社会公示性。

第一,管制性事项登记应纳入初始登记。《暂行办法》第20条规定:"自然资源登记类型包括自然资源首次登记、变更登记、注销登记和更正登记。"管制登记应属于初始登记的事项,其内容与权利归属和权利范围登记相互匹配。按照初始登记的要求,管制性事项登记应在首次登记中完成。同时,鉴于管制性事项的复杂性和自然资源用途的可变性,以及特殊情况下国土空间规划变更带来的用途管制的变化,变更登记应当包括管制性事项的变更登记。因此,建议变更登记在"因自然资源的类型、范围和权属边界等自然资源登记簿内容发生变化进行的登记"基础上,增设管制性事项变更的情形。

第二,选取对自然资源物权行使产生直接影响的管制性事项进行权利范围的登记,以体现自然资源统一登记与不动产登记的融合。因此,应区分管制性事项和管制基础的自然资源质量、环境容量、自然资源资产负债等纯粹的管制技术事项,它们作为管制决策的依据仍然应保留在关联性登记之中。因为,未来自然资源登记制度将逐步实现对水流、森林、山岭、草原、荒地、滩涂、海域、无居民海岛以及探明储量的矿产资源等全部国土空间内的自然资源登记的全覆盖,如此制度设计,有利于防止管制性事项在权利登记中形成沉疴，降低登记信息的利用效率。

第三，实行管制登记完全公开的原则。依据《物权法》规定，只有权利人、利害关系人可以申请查询、复制登记资料。对不动产登记确立有限公开原则的原因是维护交易安全和保护不动产权利人的权利。① 由于管制性事项登记的目的在于保护自然资源的生态功能，监督资源权利人甚至是政府的资源合法利用，只有实行完全公开原则才能便于社会公众的监督。

生态文明发展战略下的自然资源统一登记可谓民法“绿色原则”的规范式再现。从广义上说，自然资源统一登记与现行的不动产登记均属于不动产登记的范围，它标志着我国不动产登记制度从资源品种的分散登记步入资源与生态合一的整体登记的崭新阶段。因自然资源统一登记秉承保护功能为主、交易功能为辅的制度定位，其制度理念和规则已超越了传统不动产登记。有必要调整物权法上不动产登记规则，赋予自然资源国家所有权登记能力，以生态整体功能作为登记客体的独立性标准。在未来《暂行办法》上升为自然资源统一登记的法律规范时，应将管制性事项的关联登记提升至自然资源权利登记，将其作为权利限制，赋予其社会公信力。

---

① 参见程啸：《不动产登记法研究》，法律出版社2018年版，第368页。

第二章　矿业权法律制度研究

引　言

长期以来,我国立法对矿业权法律关系重行政管理、轻民事调整,没有确立矿业权的物权法地位,严重欠缺相关民事规则,不能实现依市场方式配置矿业资源的目标。本书从物权立法角度,分析目前我国矿业权法律运作的问题,提出立法应建立矿产资源—财产法律体系,对矿业权法律调整模式、物权规范、矿业权与土地权利的冲突协调进行了初步的法律设计。

矿业权是受公法严格规制的私权,其本质属性是民法上的用益物权。建立矿业权市场机制,不仅要从公法的管理角度落实其相应的法定义务,更重要的是从民事角度出发,确立矿业权人应有的法律地位,为矿业权提供完备的物权保护。我国的矿业资源管理体制及相关的物权规范形成于计划经济时代,矿业权法律制度凸显不重视矿产资源的财产性而只重视其资源性的时代特点;法律关系的调整重行政管理轻民事规则;更由于我国现有物权规范的薄弱,矿业权的民法物权理论和法律规范越显简陋。社会主义市场经济呼唤立法建立矿产资源—财产法律体系,按市场规律科学地配置矿产资源所有权、矿业权制度。本书以此为切入点,分析我国矿业权制度的现状,并就建立矿业权物权规范体系提出建设性方案。

一、我国矿业权民事立法现状

矿业权,简称矿权,是指探矿人、采矿人依法在已登记的特定矿区或工作区内勘探、开采一定的矿产资源,取得矿产品,排除他人干涉的权利。其中,勘探一定的矿产资源的权利,称为探矿权;开采一定的矿产资源并取得矿产品的权利,称为采矿权。矿业权的概念最早出现于2000年10月31日原国土资源部印发的《矿业权出让转让管理暂行规定》(国土资发〔2000〕309号),文件将矿业权指为探矿权和采矿权的统称。原《民法通则》在第五章关于“财产所有权和与财产所有权有关的财产权”制度中的第81条规定:“国家所有的矿藏,可以依法由全民所有制单位和集体所有制单位开采,也可以依法由公民采挖。国家保护合法的采矿权。”“国家所有的矿藏水流……不得买卖、出租、抵押或以其他形式非法转让。”以上规定将采矿权定位为与财产所有权有关的民事权利。2017年2月27日,中共中央办公厅、国务院办公厅印发《矿业权出让制度改革方案》(厅字〔2017〕12号),矿业权的概念首次在中央层面的文件里出现。《矿产资源法》以加强矿产资源的勘查、开发利用和保护工作,保障社会主义现代化建设的当前和长远的需要为宗旨,规定了总则,矿产资源的开采、勘查及其审批,集体矿山企业和个体采矿者的义务和法律责任。《探矿权采矿权转让管理办法》针对探矿权和采矿权的转让条件和审批程序作出了详细的规定。《民法典》第329条照搬了原《物权法》第123条的规定:“依法取得的探矿权、采矿权、取水权和使用水域、滩涂从事养殖、捕捞的权利受法律保护。”该条规定位于用益物权分编中,说明探矿权、采矿权的用益物权性质进一步得到了《民法典》的确认。除了在《民法典》中明确了采矿权的民事财产权地位之外,我国《矿产资源法》将行政管理作为立法的技术切入点,突出了矿业权人的公法义务,但没有兼顾矿业权的民事财产权属性,矿业权不仅没有明确的物权定位,更没有被赋予其应有的物权效力。由此,产生矿业权法律调整的一系列不足:

第一,矿业权的民事调整与行政调整有失平衡,导致立法对矿业权民事规则的设计欠缺主动性和科学性,民事义务和行政义务混同。例如,在《矿产资源法》的法律责任制度中,只有行政责任和刑事责任的规定,法律对侵犯他人矿业权、侵犯国家矿产资源所有权的民事责任欠缺相应的制度设计,导致实践中行政处罚代替民事赔偿。例如,《矿产资源法》第40条规定:“超越批准的矿区范围采矿的,责令退回本矿区范围内开采,赔偿损失,没收越界开采的矿产品和违法所得,可以并处罚款。”而越界开采不仅是违反矿产资源管理规定的行政违法行为,也是侵犯国家矿产资源所有权的民事侵权行为,侵权人所得矿产品和违法所得应作为不当得利应返还所有人即被侵权的国有矿企业;对未被划定勘探、开发区块内开采的侵权行为,侵权人应向即国家承担返还作业区块、恢复原状的民事责任,不能将民事和行政两种不同属性的责任混淆。民事责任与行政责任不分导致法律没有为矿业权主体设计专有民事救济途径,从而使侵权人的民事责任得不到有效的制裁,这也是长期以来矿区内民事侵权行为严重但无法得到有效遏制的制度原因之一。[①]

第二,民事法律制度的设计不甚科学。这一方面原因是民法中物权制度严重欠缺,另一方面是因为矿业权的民事规范分散于各个矿业管理法规之中,不便系统地规定矿业权的民事制度。这些现象表现在:在法律概念上,《矿产资源法》则规定了探矿权和采矿权的双重概念;对探矿权的动态权利变更欠缺严密的规定。《探矿权采矿权转让管理办法》仅规定了探矿权、采矿权交易转让的条件,而没有规定权利转让的非交易形态。虽然,非交易形态的权利转让情形可以准用民法的规定,但是在民法诸多权利转让中,对矿业权转让的适用还因形态不同而在法律后果上多有差异。另外,在我国矿业权的其他行使形态如租赁,是否许可,法律未予规定,出现了法律调整的空白区。

第三,矿业权欠缺应有的法律效力。矿业权作为物权必然发生物权的效力,因而需要一系列配套的制度,以保护不特定的善意第三人的免受物权绝对排他效力的影响。由于我国矿产资源立法倾向于行政管理,民法中物权规则尤其是作为特殊法上的物权规则不足,矿业权的物权效力规则尚有遗漏。表现为:(1)矿业权的法律性质、地位不清,能否适用物权法原则,民法无明确的确认;(2)矿业权应具有的优先效力、排他效力和物上请求权等物权效力,还没有作为民事利益在《矿产资源法》这一基本法中予以宣告;(3)没有建立完善的矿业权物权公示制度。《矿产资源勘查区块登记管理办法》规定了探矿权、采矿权的作业或工作区块登记和定期报告制度,但未规定对第三人的

---

① 参见鲍荣华:《我国矿产资源法颁布15年成绩显著》,载新浪网,http://www.sina.com.cn09-09-2001。

不定期公示制度，同时也未规定登记的效力。同时，矿业权登记并不适用《不动产登记暂行办法》，而使用2020年自然资源部《矿业权登记信息管理办法》（自然资办发〔2020〕32号）。该办法第14条规定："符合规则的，登记信息系统按编码规则生成唯一的勘查许可证或采矿许可证证号编码，并将相关信息发布至自然资源部门户网站，予以公开。"没有规定登记对矿业权变动的公信力。

二、建立我国矿业权物权规范体系的基本思路

在自然属性上赋存于土地中的矿产资源是土地的组成部分，然而，由于矿产资源关系国计民生和国家的战略利益，各国均以民法和特殊法，如矿产资源法、矿业法，规定矿业权与土地权利人相分离的原则，使矿业权成为公法规制下的独立的特殊物权，即土地所有人或使用人不当然地享有地下矿产资源的勘探、开采权，不享有矿产资源的所有权，矿产资源开发权由国家垄断性支配，不因矿产资源所依附的土地权利不同而改变。然而，将矿产资源作为独立的权利客体由国家垄断，虽然有利于矿产资源的统一保护和开发，但随之却带来另一难题，即矿业权随之成为一种禁止流通物，不能在市场上自由流通，矿业权无法借助市场配置追求价值最大化。另外，从根本上说，国家的矿业资源所有权是为社会或公共利益设置的，其目的往往不在于国家占有和直接利用、开发矿产资源，而在于国家通过全民利益代表者的身份，调动社会其他主体的经济、技术资源，实现矿产资源的合理开发和利用，我国南海大陆架海底石油资源与国外资本的合作开发勘探充分证明了这一点。如何调整矿产资源所有权垄断与资源开发利用的社会化冲突，民法用益物权制度为我们提供了解决的方案。"对物的使用和收益不一定而且事实上也不可能总是

由所有人完成,因为在现实生产和生活中,由于时间、地点、工具、技术和专门知识等种种条件的限制,所有人本身未必就是为了获取其所有物的最大价值的最合适的权利主体。事实上大多数情况是,所有权人通过特定的法定方式将其所有之物交与他人使用并收益,从而使物上价值充分及时地实现,并从中为自己谋求最大利益。此外,还有一种常见的情形,即并非一切所有权人都想实现其物上的利益,有时候他们往往以有偿或者无偿的方式向他人分配这种利益……其结果,用益物权便作为最为经常和重要的一种他物权而不可避免地发生。"①用益物权自产生以来,由于其在调整物的归属与利用冲突方面的强大机能,而被大陆法系各国作为一种行之有效的基本物权制度予以广泛采用。既然如此,我们不妨照此思路,在矿产资源之上设置新型的用益物权——矿业权。用益物权是实现矿业权市场化配置的法律手段,而矿业权物权制度的核心是通过民事立法明确矿业权的法律地位、内容和效力。

(一)矿业权民事规则的立法体例

矿业权行政管理制度集中于民法之外的单行法律,是各国立法的通例。然而,对于其民事规则问题,各国均以不同方式独立规定,以防止确定矿业权权利归属和适用保护方式的模糊。有两种规定方式:第一,分散式。将矿业权的客体矿藏资源作为土地所有权人权利行使的限制及收益的特殊取得方式规定于民法典之中,如《德国民法典》第905条、《俄罗斯民法典》第261条、《意大利民法典》第840条,具体的权利行使由单行的矿业法规定。第二,集中式。在有关矿业资源的单行法规中确立矿业权的民事地位,并全面而详细

① 米健:《用益权的实质及现实思考》,载《政法论坛》2009年第4期。

地设定矿业权人的民事权利以及行使权利的规则。在两种立法体例中,集中规定方式既能兼顾矿业权的技术特点又能系统地体现矿业权的法律内涵,是较科学、便捷的立法方式。在我国未来的矿产资源物权立法中,可在矿业法中取专章系统地规定矿业权的民事规则。

(二)矿业权的基本物权规则

1. 规定矿业权包括采矿权和探矿权,在两种权利适用共同规则时使用矿业权的概念。在分别适用独立规则时,分别使用采矿权和探矿权的概念。

2. 确立矿业权独立的用益物权法律地位。首先,明确矿业权独立于土地权利的属性,禁止将矿业权作为民事主体的土地权利或其他资产的附属物予以处分,禁止将依附于矿业权的其他资产与矿业权一起处分。其次,规定矿业权的用益物权内容,并规定权利行使的公法限制。

3. 全面规定矿业权的动态权利行使制度,包括矿业权的买卖、转让、继承、抵押、交换和强制执行的条件和效力。

4. 规定矿业权的登记公示制度和物权效力。由于矿业权的技术特点,不同矿质勘探、开发的要求不同,登记标准和具体方式迥异,立法可在矿产资源法中概括地规定矿业权的登记及其效力,并注明针对不同矿质的矿业权,法律、法规另有特殊规定的,按特殊规定执行。矿业权物权的效力如下:第一,排他效力。指同一矿区或工作区不得同时并存两个以上的矿业权。同一区块只准登记一个矿业权,只准许一个权利人勘探、施工开采。第二,矿业权具有优先效力。物权的优先效力有两个方面的体现,一是行使或实现的优先,如物权优先于债权,即以一物为客体同时设定物权和债权时,物权优先于债权实行;二是物权人订约机会优先于第三人,如区分所有人的优先购买权,此种优先权是物权人设立权利的优先地位。矿业权的优先效力也包括这两个方面,优先实行是指同一土地上并存矿业权与债权时,矿业权应优先得到实现,这是矿业权基于物权属性而发生的普遍效力;而权利设定的优先性则是由矿业权自身特性产生的,宜于由专门的特殊规范来明确,主要表现为取得矿业权的优先权。依我国《矿产资源勘查或登记办法》第 6 条第 1 项规定:“探矿权人有权在划定的勘查作业区内进行规定的勘查作业,有权优先取得勘查作业区内矿产资源的采矿权。探矿权人在完成规定的最低勘查投入后,经依法批准,可以将探矿权转让他人。”此为探矿权人的优先权。因为探矿权人更熟悉该区块的矿质情况,赋予其采矿权有利于合理、高效地开采矿产资源。探矿权人的优先权也是一般国家和地区矿业权的通例。第三,物上请求权。矿业权被他人不法侵害或有侵害危险时,矿业权人有权请求停止侵害或请求排除妨碍。物上请求权是矿业权物权支配效力和绝对效力的自然延伸。矿业权主要适用于两种情形:其一,现实的侵害。如侵权人擅自进入规划矿区,非法在矿区内设置物件影响勘查、开采作业、非法封锁道路、切断给水线、非法抢占矿区、井位等。其二,潜在的侵害。当存在导致矿业权损害的危险时,矿业权人可通过诉讼向危险制造者主张消除该危险。例如,因滥采乱挖致使矿业权人的矿井有坍塌、渗水的危险,或致使矿区上的建筑物有倒塌的危险,可发生矿业权人消除危险请求权。

(三)确立区分矿业权制度

矿业权是典型的地下空间权,因而是空间权适用的重要形态。区分矿业权,又称纵向矿业权,是指地下垂直地存在两个以上矿业权的现象。区分矿业权实际上是不同地层深度的矿业权以各自特定的区块,如特定土层深度油气层及相关地下部分，作为单独的权利客体，将地下分割为若干个资源利用空间，使数个客体存在的数个矿业权上下排列的现象。区分矿业权能够充分发挥技术力量不同的矿业权人的能力，最大限度地发现、开采矿产资源，是不可或缺的矿业权形式，已被世界矿产资源较发达的国家所普遍采用。在美国的石油天然气矿区，随着垂直划分地段开采方式的出现，区分矿业权广泛实行。在泰国、印度尼西亚，随着科学技术的进步，同一地区内不同主体探采不同方位、不同深度气藏，由地面一点向多方向打定向井、水平井的作业极为普遍。在加拿大以阿尔伯省为例，区分矿业权行使两种形式：一是将一个矿区或工作区的沉积区分为深层或浅层分别出租，使之成不同的矿业权的客体，由不同的矿业权人支配；二是将一个地区垂直地划分为多个地或地层区，由勘探、采矿申请人选择地层段或地层区与矿业主管部门订立租赁合同，成为该区段矿业资源的使用权人。在我国，区分矿业权的技术合理性和经济意义已被实践所认识，并在实务中得以提倡，已经废止的《石油及天然气勘查、开采登记管理暂行办法》(1998 年废止)曾规定区分矿业权的法律制度，该暂行办法第 18 条规定："本办法公布以前已存在两个或者两个以上企业开采同一地区不同埋深油气藏的，应当根据双方协议和各自开采的不同油气藏属性及范围分别核(划)定矿区范围。"而在 1998 年 2 月 12 日发布的替代上述暂行办法的《矿产资源勘查区块登记办法》中，第 3 条虽明确了国家对矿产资源勘查实行统一的区块登记制度，并限定了不同矿质每个勘查项目允许登记的最大范围，但由于《矿产资源勘查区块登记办法》以经纬度 1°×1°划分的区块为基本单位区块，仅规定了平面、横向的矿业权范围，并未将区块以地表为基础实行纵向分割，区分矿业权制度被搁置了。究其原因：一方面，是由于我国在相当数量的矿区或工作区,技术上暂时难以精确地划分不同的地层段;另一方面,立法者对空间权和区分矿业权制度没有明确的认识。我国虽地大物博,但地矿资源相当有限,与发达国家相比,开采利用效率尚有明显的差距。区分矿业权系调动多方勘探、开发的人力、资金和技术资源,合理配置不同矿业权人利益的重要法律制度,我国立法应当对这一权利作出规定。

三、明确矿业权与相关土地物权的法律关系

矿业权与土地物权的关系可从两个角度观察。首先,从矿业权依附的特定土地的地理位置来划分,矿业权分为横向矿业权和区分矿业权两种形态;从单纯的勘探、开采行为来看,区分矿业权与土地物权在支配客体上呈上下排列结构,彼此不发生冲突,可以并存。为了保护尚未勘探、开发的矿产资源,《矿产资源法》第 33 条规定:“在建设铁路、工厂、水库、输油管道、输电线路和各种大型建筑物或建筑群之前,建设单位必须向所在省、自治区、直辖市地质矿产主管部门了解拟建工程所在区的矿产资源和开采情况。非经国务院授权的部门批准,不得压覆重要矿床。”而横向的矿业权,如露天矿的开采、勘探,则可能与矿藏资源所占用土地的权利发生冲突。其次,从矿业用地即因行使矿业权而实际占用土地来说,无论是横向矿业权还是区分矿业权均可能与矿业用地的土地权利人发生冲突。矿业用地的范围包括下列行为产生的土地利用关系:(1)开挖井隧;(2)爆炸物、土石、薪炭、矿渣等一切矿用材料;(3)建筑矿业仓库或其所需房屋;(4)设置矿业生产、经营必要的通信或运输设施;(5)设置其他矿业生产必需的工事或工作物。

在我国,土地权利包括土地所有权和土地使用权。土地使用权依地域范

围和所有制区别，原则上又分城镇国有土地所有权、农村集体土地所有权。城镇国有土地所有权国家授权他人使用后，依授权方式不同，发生划拨土地使用权和出让土地使用权；农村集体所有的土地授权集体、个人使用后，发生土地承包经营权、荒地使用权和宅基地使用权。矿业权与土地权益的关系涉及矿产资源法、土地法尤其是民法的规则。但是，在我国，有关法律均未规定矿业权与土地权益的关系，立法应予填补。

（一）矿业权与土地所有权的关系

矿业权与土地所有权的关系因各国立法体例不同而有所区别。第一，英、美体例。英美国家将矿产资源视为土地的组成部分，土地所有权人当然享有土地中蕴含的矿产资源的所有权。只不过，土地所有人行使矿产资源权利要受到法律的限制。在这种理念下，矿业权与土地所有权在原始权利状态下归于同一主体，当土地所有人不拟行使该权利时，可将矿业权出租、转让、抵押，它们是土地所有权人自由意志的结果，土地所有权与矿业权没有法律上的冲突。① 第二，德国体例。依德国《矿藏法》第3条规定，土地所有权人只对依附于其土地的指定种类的矿藏、矿物有先占的权利，例如，土、沙子、石头，而其他矿藏不再归土地所有权人所有，后者由国家指定的公民或法人在获得国家矿产管理局颁发的许可证后，才能进入特定的矿场进行勘探和开发。② 按德国法律规定，国家行政许可开发矿产资源的，如果矿场所有权与土地所有权分属不同主体，土地所有人必须容忍其土地上的矿场所有权的存

① 参见谢在全：《民法物权论》（上），中国政法大学出版社1999年版，第37页。

② 参见［英］F. H. 劳森、［英］B. 拉登：《财产法》，关涛译，中国大百科全书出版社1998年版，第20页。

在。矿场所有权人需要利用土地的，发生法定的地上权，具体的土地使用事宜可以通过合同方式解决。对指定矿藏，矿场所有人不仅拥有所有权而且可在保护自然的前提下自由开采。可见，按德国法律，国家许可开发矿产资源的，矿业权人利用他人土地时，土地所有权人应许可使用。法国也实行类似的矿业用地强制许可使用制度，依《法国矿业法》第 21 条规定，土地所有人不享有对某些地下矿藏开采的权利，它们属于国家，国家可自行予以行使或特别许可开采者行使。土地所有人仅享有微弱的获得地下资源使用费的权利。只有露天采矿场（按《法国矿业法》第 2 条的含义露天矿产不属于“矿藏”）归土地所有权人所有，但开掘或将开采权转让于第三人仍须通过行政授权。在国家或他人享有开采权时，土地所有权人与采矿权人通过设定法定地役权的途径解决矿业用地问题。① 从德国体例的规定来看，对采矿权与土地所有权的关系调整，法律实行重要的矿产资源开采强制土地所有权人提供用益地制度，以保障矿业权的充分、有效实施，而对次要矿种则实行当事人之间合同约定制，按市场方式解决矿业用地问题。

在我国，一方面，土地归国家或集体所有；另一方面，矿业权不分矿种一律实行国家行政许可审批制，表现出矿业权与土地所有权完全分离的特点。因此，在对国有土地行使矿业权情况下，随着矿业权依行政授权程序发生，矿业权人就当然地获得了依划拨方式使用国有土地的权利，其具体操作可按《国有土地使用权出让和转让暂行条例》规定办理。而在集体所有的土地上行使矿业权时，由于集体经济组织具有独立于矿业权人的自主的民事利益，

---

① 参见崔建远、晓坤：《矿业权立法研究》，载《法学研究》1998 年第 4 期。

矿业权与土地所有权的关系则应另当别论。对此,在理论上有两种观点:一种观点认为,矿地使用权具有优先性,因为矿业生产经营者占有土地的位置,具有先定性。另一种观点认为,矿地使用权优先论不能绝对地适用,矿业权人是否有权使用土地所有人或者土地合法占有人的土地,应区分特定矿产品的法律地位。对事关国计民生、国家战略利益的矿产资源,其勘探、开发必须占用他人土地的,应适用"矿地使用权优先权"的理论,具体做法是,经国家将集体所有的土地征收为国有土地,经出让、登记发证后,由矿业权人取得矿区使用权;一般矿业资源上设立的矿业权与所有权并无优劣之别,此时,矿业使用权发生应依双方当事人协议。在土地由他人占用、承包时,应先行协议终止在先土地使用人、占用人的土地利用关系,之后,才能经国家征地程序,由国有土地管理部门与矿业权人签订土地使用权出让合同。如果土地权利人不同意先行解除土地利用合同,则矿业权人不能取得矿区土地使用权。

笔者认为,矿业用地与集体土地所有权的关系应采用矿地使用权优先权的理论。因为,第一,矿地使用权具有天然地役权的属性,它是依据矿产资源的自然位置确定,具有不可移动、不可变异的不动产特点。如果矿产资源所必需占用的土地依土地权利人的意愿拒绝被用于矿业开发,矿业权人可能因另辟场所而浪费勘探资金、费用,甚至根本不能达到合理勘探、开发的目的。第二,矿产资源大多具有公益属性,而且在我国是国家专有财产,依公益权利优先私人权利的原则,只要矿业权人履行了对土地所有人的公平补偿义务,矿业权人就应优先于土地权利人行使矿地使用权。第三,在实行与我国类似的矿业资源归属体制的国家,如德国、法国,大多数实行矿业权人优先保障原则,国家通过立法强制征用个体权利人的土地,交矿业权人使用。矿地使用权优先的做法,符合国际惯例。

(二)矿业权与土地使用权的关系

矿业权与国有土地使用权。矿业权与国有土地使用权存在于蕴含矿产资源的同一土地时,不能相容,必然要求按物权的排他性保留某一权利,消除另一权利。在国有土地使用权成立在先,矿业权成立在后的场合,应根据“矿地使用权优先”的原则排除国有土地使用权,并依法对土地使用权人公平地补偿。即经土地管理部门同意通过变更登记程序,提前终止矿业用地范围内的国有土地使用权,给予矿业权人矿地使用权。但是,由于矿用土地使用权优先的基础在于矿产资源的社会公共用途,所以,当国有土地使用权的行使也属于公共用途且成立在先时,不得因矿业权排除国有土地使用权,以避免造成已发生的公用事业经济损失。也就是说,法定区域内的矿业权和矿地使用权不能取代国有土地使用权。基于该种理由,我国《矿产资源法》第20条规定:“非经国务院授权的有关主管部门同意,不得在下列地区开采矿产资源:(一)港口、机构、国防工程设施圈定的地区以内;(二)重要工业区、大型水利工程设施、城镇市政工程设施附近一定距离以内;(三)铁路、重要公路两侧一定距离以内;(四)国家划定的自然保护区、重要景区,国家重点保护的不能移动的历史文物和名胜古迹所在地;(五)国家规定不得开采矿产资源的其他地区。”

矿业权与农村土地承包经营权、宅基地使用权。矿地使用权与农村承包经营权冲突时是否亦适用矿业权优先原则?笔者认为,应基于保护耕地的土地法原则对耕地实行特殊的保护,以防止因矿产资源的勘探、开发占用乃至荒废耕地。这一方面是因为我国耕地锐减造成的严峻局面和人多地少的特有国情;另一方面还因为矿产资源的开发与一般的临时性用地不同,经常会发生对可耕作土壤、植被乃至环境的破坏,恢复农业用途成本高、难度大,对农村集体经济组织和社会公共利益将造成不可弥补的损害。因此,除非矿产开发涉及重大利益,一般的矿产资源所占用耕地的,应适用承包经营权优先原则。即事关国计民生、国家战略利益的矿产资源的勘探、开发,经矿业主管部门和土地管理部门认定后,由国家对矿业用地先予征用,然后向矿业权人办理出让手续,矿业权人取得矿地使用权。一般矿产资源,其矿业权人无权申请土地征用。对于非属耕地的农业用地、宅基地仍实行矿地使用权优先原则,其处理规则与国有土地使用权相同。

四、破解东北矿产资源利用问题的经济法路径

(一)东北地区矿产资源利用中存在的问题

东北是我国资源型城市最为集中的地区,矿产分布量居全国之首,主要城市有抚顺、鞍山、本溪、营口、阜新、铁法、北票、辽源、敦化、珲春、鸡西、鹤岗、双鸭山、七台河等。矿产资源城市对东北地区乃至全国经济发展曾做出了重大贡献,而且部分城市仍在继续发挥重要作用。以煤炭为例,鸡西、鹤岗、双鸭山、七台河目前年原煤产量仍超过1000万吨。其中,鸡西矿超过2000万吨,铁法矿超过1000万吨;北票、南票矿约2000万吨;吉林省的几个煤矿产量都在300~500万吨。据不完全统计,新中国成立以来,东北地区为国家经济建设累计提供了50亿吨煤炭。[①] 然而,在多年的经济发展中,由于

① 参见刘湘:《中国矿产资源利用与可持续发展》,载《矿产资源报》2004年6月2日,第2版。

受到体制和制度的影响，东北在矿产资源的利用中暴露出诸多突出的问题。

1. 矿产资源枯竭

由于产业结构单一，东北许多地区经济发展过分依赖资源开采。经过半个多世纪的强力开采，目前东北三省的矿产资源严重短缺。据最新统计，东北现有煤炭保有储量仅占全国的0.5%左右，辽宁的阜新、抚顺等以煤炭产业为主导的城市陷入困境，哈尔滨—大连经济带的8个大型有色金属矿山已有7个关坑停采。例如，阜新市以煤矿产业为主，经过多年开采矿藏已近穷竭；在营口，滑石矿是地方出口创汇的优势资源，由于过量开采，已处于残采阶段，后备资源不足。黑龙江省的鹤岗、鸡西、双鸭山、七台河四大国有煤矿的平均役龄已接近70年，33个主要矿井中已有16个进入资源枯竭期步并经国务院批准破产，其余矿井也处于煤层越采越深、巷道越开越远、采煤成本越来越高的状态。资源的过度开发，已使许多地区资源枯竭，国有重大矿区大部分进入衰老期。

2. 矿藏资源利用效率低下

据资料统计，我国矿产资源总回采率仅为30%，比世界平均水平低20个百分点。① 由于国家实行指令性计划，矿产开发中过分强调产量，尤其是初级产品产量，矿产开发以初级产品为主，矿产品技术结构低下，例如，镁矿产品还大量以镁矿砂的原料形式出口，资源的精深加工能力较差。许多矿产资源是世界性稀缺资源，低价格、初级品形式出口，甚至根本不加工，只出口原料，

① 《全国矿产资源管理会议资料》（内部资料）2003年12月22日。

加上出口企业竞相压价，出现产量、出口翻番，而创利减少过半的情况。不仅严重损害了国家的资源利益，而且威胁到国家的资源安全。

3. 矿产资源的开采秩序混乱

对此，主要表现在：开采企业在技术装备、开采能力、开采规模、产品化率各方面参差不齐，出现了“大矿藏、小开采”和“一矿多开”等严重问题。按照矿区和矿山最低开采规模制度，只有矿山企业的开采规模与矿藏资源的储备量相适应，才能使矿藏开发实现集约化和规模效益。以营口盖州为例，该地区是东北花岗岩、萤石的集聚地，具有较大的资源潜力和开发前景，全矿区的花岗岩的探明基础储量是3.9亿立方米。而该地区矿山现有企业74家，其中80%为乡镇集体企业，大型的国有矿山企业因设备陈旧，生产能力萎缩，产量递减，加上冗员多、效率低，开采成本大幅度提高，所以，开采市场只能让位于中小规模的乡镇企业，乡镇企业零散开采、零散加工的作业方式，必然妨碍资源开发的规模效益。

4. 矿产资源开发中生态环境破坏严重

矿业本身是污染性产业，但东北地区的污染程度重于其他国家的同类地区。据有关资料统计，东北地区采矿形成的废水占工业废水的10%以上，采矿造成的固体废弃物占工业固体废弃物的80%以上，采矿占用和毁弃的土地近4000万亩，复垦率仅为12%。[①] 煤炭开采区在产生大量的矸石、垃圾等废弃物的同时，无所顾忌地开采地下煤炭，已导致辽宁部分地区出现了采煤沉陷区。据初步统计，辽宁现有的采煤沉陷区总面积达380平方公里，其中最大

---

① 参见刘蔚：《振兴东北要下视资源型城市的经济衰退问题》，载《矿产资源报》2003年12月25日，第4版。

的阜新矿区采煤沉陷区面积达100多平方公里。而一些规模小、投入少、经营不规范的矿山开采企业,对自然景观的破坏更为直接,大量的弃石、弃渣未采取任何防范措施,一遇山洪和暴雨,极易汇聚成泥石流毁坏农田、林木。渣场不按要求储设,废弃物直接排入河道,不仅污染河水、淤塞河道,一旦河水暴涨,还会淹没耕地和房屋。

(二)东北地区矿产资源利用问题的经济法分析

东北地区的矿产资源利用问题是复杂的社会、历史和经济等综合因素形成的。由于法律规范是长效的最强有力的制度安排,探究我国矿产资源法律制度的不足可以为上述问题提供关键的解决之道。

1. 关于矿产资源开发利用规划制度

矿产资源具有双重属性:经济性和资源性。作为经济属性,它给开发主体带来巨额的经济利益;作为资源属性,它具有稀缺性,要求开发利用行为符合可持续发展原则。从价值取向上看,制度安排应向矿产资源的合理开发上倾斜,基于国家矿产资源的安全性考虑,就需要通过规划矿产资源的法律制度,设定不同地位、不同储量的矿产资源开发计划、审批权配置、开发限制、保护性开发等制度,防止矿产资源因无度开发而耗竭。现有的矿产资源法律中欠缺规划制度,不能满足我国矿产资源现实要求,表现在:第一,规划法律制度过于原则。2009年修正的《矿产资源法》第7条规定:“国家对矿产资源的勘查、开发实行统一规划、合理布局……”规划的具体内容、程序、权力义务规范及其法律效力都没有具体的规定。而且我国没有统一的自然资源规划法,因此矿产资源规划法律关系实际上没有法律调整。第二,规划的行政配置重于法律调整。中国矿产法律制度从20世纪50年代起就被作为行政管理制度进行了安排,主要目的是保证政府对矿产资源的供给与分配,这种行政配置的管理传统形成了重大矿产开发事项由行政手段实施的路径依赖。近几年,矿产资源规划工作受到重视,但重视的方式不是立法而是行政管理。2002年1月,全国31个省级矿产资源总体规划审批工作全部完成,这是新中国成立53年来我国第一轮省级矿产资源规划。同年,原国土资源部制定、颁发了《矿产资源规划的实施管理办法》,以加强矿产资源规划的实施管理。为了增强市、县级矿产资源规划的科学性和可操作性,2003年5月20日,原国土资源部颁发了《市、县级矿产资源规划编制指导意见》①。在上述矿产资源规划中,国家借助原国土资源部的行政规范性文件规定了国家规划矿区、对国民经济具有重要价值的矿区和国家规定保护性开采的特定矿种制度,但问题是,一方面,作为法律规范,其效力位阶较低,没有被矿产资源法所吸收或作为该法的实施细则而获得高于其他矿产管理行为规范的优先效力,从而降低了规划的法律地位和强制效力;另一方面,无法作为判断地方政府和开采者是否违反规划行为的直接依据。在地方经济发展中,地方政府可能由于当前利益的驱动和领导者个人政绩的追求,忽视矿产资源可持续开发的合理利用要求,过度开发地方矿业资源,地方政府虽制定了矿产资源规划,但以发展地方经济为名,变动规划甚至无视规划的现象仍然普遍。我国矿产资源国家所有、地方开采的体制,对地方政府没有长期的利益激励,更强化了地方政府突破规划的冲动。因此,提升规划制度的法律地位,对保障经济振兴地方矿产资源利用行为的理性化是十分必要的。

---

① 参见纪玉山等:《低碳经济条件下我国矿产资源开发利用规划体系研究》,载《当代经济研究》2013年第4期。

2. 关于矿业权市场的法律运行机制

矿业法实质上应是矿业权法，但我国现有矿业权运行法律机制还未达到市场化配置矿业资源的程度。集中表现为采矿权的流转仍受到极大的限制。《矿产资源法》《探矿权和采矿权转让管理办法》规定，已经取得采矿权的矿山企业，因企业的合并、分立，与他人合资、合作或者因企业资产出售以及有其他变更企业资产产权的情形，需要变更采矿权主体的，经依法批准，可以将矿业权转让他人。即矿业权只能随企业资产的变动而变动，不得单独转让、抵押他人。至于采矿权的出租、承包等实践中多见的采矿权流转的形式，因法律没有明确的规定，以致出现了法律监管的失控。采矿权流转的法律限制不仅妨碍了矿业市场培育与完善，对东北老工业基地振兴中矿山企业的重整也带来了制度障碍。一方面，资金运转困难的矿山企业不能利用采矿权融资，影响了矿山企业的技术改造和转产；另一方面，采矿权的出租、转包等非法定流转形态的法律调整空白，加剧了矿产开发的无序和资源浪费。因为，按照相关的法律、法规规定，对于那些国家出资勘查形成的采矿权本应在转让前评估确认和向国家缴纳采矿权价款，而承包、出租因不属于法定的转让形式，不仅可以免除登记管理机关的审批环节，还可以不向国家交付采矿权价款，承包人、出租人却可定期收取租金或承包费，借国家矿产资源寻租。如此多的利益驱动使得现实中的擅自承包、租赁采矿权的现象大肆泛滥，由此造成的后果如下：其一，采矿权被出租、承包后，大多数采矿权人对矿山的开采从生产到经营完全放任不管，而承包方或承租方为在短期内获得最大收益，必然采用采富弃贫的短期行为，造成了资源的极大浪费；其二，由于规避了主管机关的行政审查，承包方或承租方的采矿资质无从保障，这为安全开采和有效利用矿产资源埋下了隐患。

3. 关于矿产资源宏观调控法律制度

矿产资源是国民经济的基础资源，决定一国的社会经济发展的速度、规模、效益和环境保护，因其关系社会的整体利益，必须借助宏观调控法调整其开发与利用，建立科学开发矿产资源的宏观调控法律规范。由于我国历来对矿产资源关系的调控以行政直接干预为主，间接的市场激励机制不充分，矿产资源宏观调控法律规范或欠缺或滞后于资源可持续发展要求。

首先，矿产资源的税制不健全。我国没有独立的矿产资源税种，矿产品税纳入资源税中，而资源税种不能有效地调整矿产资源的开发和配置。在征税客体上，资源税本应将所有矿产资源均纳入征税范围，即对矿产资源的整体包括能源矿产、金属矿产、非金属矿产、水气矿产及其他固体、气体、液体状态的矿产资源征税。但目前，我国资源税征收的范围仍主要限于不可再生的矿产品，即原煤、原矿，对于大部分非矿品资源没有征税。由于矿业企业没有降低税收成本的激励，造成非税资源的价格不含税的因素而明显偏低。以非税资源为主要原料的下游产品的价格也偏低，从而导致对非税资源及其下游产品的需求急剧增长，使矿产资源遭受掠夺性的开采。同时，我国资源税的征收规定，纳税人开采和生产的矿产产品销售的，以销售为课税依据，纳税人开采和生产应税产品自用的，以实际自用数额为计税依据。这使企业对开采而未销售的或未自用而积压的矿产资源不需要付出任何税收代价，变相鼓励了企业对资源的过度开采，形成了大量的资源积压和浪费。在计税方式上，资源税采取从量计征方法计算税额，使企业税收负担脱离不同矿产资源的价值差异和深加工产生的价值增值，矿产资源的价值没有计入企业的生产成本,这是我国矿产产品档次不高、价格低、附加值低的重要原因。

其次,没有建立完善的资源价格法律体系,对矿产资源及矿业权转让缺乏有效的法律规制。第一,我国《价格法》没有专门的资源价格规范。按我国《价格法》规定,涉及国计民生的重要商品,应实行政府定价制度和价格监督制度,但矿产资源法没有建立矿产资源和矿产品的特殊价格法律机制。例如,对几年前个别地区竞相压价出口镁矿渣的现象,我国《价格法》《矿产资源法》都没有规定最低出口限价制度和国家介入市场制度,致使我国镁矿原料低价出口,成为一些国家的储备品。第二,没有建立专门的资源价格评估机制,致使矿产资源的经济评价或以数量为核心或完全取决于市场,国家宏观的价格调控不能发挥效用。矿产资源价格评估要素中,没有或很少表现环境和资源的价值,未包括环境与生态损害、保护成本,矿产品定价规则落后于可持续发展要求。①

4. 关于矿业权流转的市场规制

目前,我国矿业权流转的市场规制欠缺有效的法律规范。与其他自然资源一样,矿产资源并非完全的竞争市场,而是有限开放的"准市场",②因此,为资源有效开发和持续利用,国家对矿业权的转让给予必要限制,以规范矿业权市场。然而,由于立法上的漏洞和法律规则设计的欠妥当性,矿业权市场行为极不规范。第一,矿业权转让没有必要的价格规制,在国家出让矿业权

① 现行资源价格评的方法主要有:贴现现金法、可比销售法、矿山租金法、收益比例法、风险基价法、期权定价法、成本法。参见廖作鸿、刘朝马:《影响矿业权价格的因素分析》,载《中国矿业》2006 年第 5 期。

② 参见张洪波:《论自然资源利用权的市场化改革》,载《民商法学》(人大复印资料)2004 年第 5 期。

和依市场配置矿业权时，许多政府主管部门的定价偏低，不能以价格机制引导资源的最优配置，低价格也使卖方有动机和价格空间炒卖开采权而不从事资源开发。第二，虽然原国土资源部2003年6月出台了《探矿权采矿权招标拍卖挂牌管理办法(试行)》，但矿业市场中，矿业权出让多数采用协议而非拍卖、招标的竞争方式，交易过程缺少透明度。矿业权的隐形市场问题严重，如各级政府及村级组织私下协议以承包荒山为名及其他理由变相出卖矿业权。第三，对不符合矿业市场准入条件的开采企业，没有有效的制约机制。对于不符合环保要求的矿产企业、没按开采设计方案要求进行开采的企业、不具备安全条件的矿山企业，总是采用整顿、限期整改的临时性措施，欠缺长效的法律淘汰机制，使其即行退出开采市场，养痈遗患。

5. 关于矿业生态环境保护法律制度

由于矿业资源的不可直接利用性及污染性特征，使矿业生态环境保护成为矿业法律制度的必然选择与制度安排。① 其立法目的在于，使个体将矿产资源开发、利用的外部成本内部化，通过消极的激励机制缩小生态环境损于最小范围。矿业产业自身的特征要求矿业法建立周密的环境保护体系，其制度约束要严于一般的环保法律规则。

在我国，矿业环境保护分别体现在环境法、矿业法中，经过20多年的发展，已逐步形成了一系列关于矿业环境保护的法律制度。其中《矿产资源法》对此作了原则性规定，《矿产资源规划管理暂行办法》设立了矿山生态环境保护专项规划制度，《环境影响评价法》规定了建设项目环境影响评价制度，《水

① 参见肖国兴、肖乾刚：《自然资源法》，法律出版社1999年版，第340页。

土保持法》规定了开办矿山企业必须遵循水土保持方案、“三同时”制度。《矿产资源法》《水土保持法》《土地复垦条例》《黄金矿山砂金生产土地复垦规定》都规定了“谁破坏、谁复垦、谁复垦、谁受益”的土地复垦原则以及矿产资源开发损害的补偿制度。在环保专门法中,如《水污染防治法》和《海洋环境保护法》,规定了污染物集中处置及达标排放制度,构成了较完善的矿业环保法律制度。但是,面临矿产资源开发中严峻的环境问题和新的资源理念,我国矿业环境保护法律制度仍显不足。表现为:

第一,缺乏有效的矿山污染防治与生态保护制度,尤其是生态保护制度更是少有涉及。现行的环境保护法以污染控制为主,以污染环节控制和“排放控制”为基本环节和内容,依然是以末端控制为主,不注重源头控制,功能单一,适用范围过窄,不能全面有效地控制污染和避免生态破坏;明显缺乏对生态环境的保护,不注重整体环境效益的保护,将单个环境要素的保护绝对化。

第二,污染防治与资源保护法律制度缺乏有机联系,各种制度散见于不同的法律中,不利于形成协调统一的法律体系。现行的矿业环境保护基本限于对污染的防治,将资源保护与环境治理截然分开,对资源关注有加,对环保却不太重视。在矿业发展中,环境污染与资源浪费相伴相生,因而两者是不可截然分开的。

第三,法律的内在激励不足,法律责任、行为限制等强制性规范多,调动企业环境保护的自主性调节规范少。首先,《矿产资源法》中的矿业损害补偿没有涉及生态补偿,补偿的责任形式仅是对财产损失的补偿,忽视了环境的生态价值与生态功能,没有恢复生态系统平衡和生态调节功能的复原性补偿制度。这种制度的后果是造成污染成本外溢,污染企业将其转嫁给社会或企业以外的公民了。其次,没有建立环境税制。国际上通行的环境税主要是对污染行为、污染产业征收的税赋,以此使污染企业自行降低污染,减少矿产开发的外部性。最后,环境法规定的排污收费制度不能有效地控制矿业污染。我国现行的排污费制度是“超标排污费”,对已经达到或低于排放标准的,不征收排污费,而且,排污费制度主要是根据污染物排放浓度超标收费,基本不考虑排放量的问题。① 这对伴随矿产品产生的大量的矿业污染行为显然不能起到内在的成本约束作用。

(三)东北矿产资源问题的经济法对策

1. 完善国家统一的矿产资源法律是实现东北地区经济振兴的制度保障

东北地区的矿产资源不仅是地区性问题,而且是全国矿产资源状况的缩影,解决之道应从两方面切入:其一,从区域经济的角度,对东北地区剩余的矿产资源及内蒙古地区矿产资源合理地开发、规划,通过立法建立地方资源利用行为的有效约束机制。其二,从全局角度出发,完善国家矿产资源立法。从“高生产、高消费、高污染”的传统发展模式中反思经验教训,以科学发展观完善矿产资源法律制度,无疑将对东北经济的振兴和长期、稳定发展提供资源和制度保障。矿产资源的战略性地位和社会公共利益的特征,经济法律秩序对矿产资源立法提供了空间。

第一,运用计划法律制度实现矿产资源规划法治化。矿产资源规划是根据国家或地区经济中长期规划、国家或地质矿产资源特征和开发利用现状,

---

① 参见冯铁拴:《自然资源保护财税工具应用的边界反思与重塑》,载《税务与经济》2019年第2期。

对矿产资源勘查、保护和合理利用矿山生态、环境保护和建设等在时间上和空间上所作的总体安排和布局。矿产资源规划是调控矿产资源关系的基本依据；在法律性质上，属于计划法调整的范畴。运用计划法原理和规范，确立矿产资源规划的法律地位，有助于立法科学地设计矿产资源规划的实体和程序规则。

首先，由于计划法是宏观调控法的龙头，应保障其具有指导性、约束其他法律法规的法律地位。因为计划法使政府发展经济的意图和宏观调控的领域目标以及某些经济政策和经济手段增添法律上的效力，引起直接受法律保护的社会关系。① 依此原理，矿产资源规划法应具有矿业基本法的地位，即同其他矿产资源规范相比，它应具有最高和统一遵行的效力。因此，矿产资源规划法应从原国土资源部的规章和地方性法规上升为矿业基本法。

其次，计划法律关系的客体是以计划任务为基础的计划行为，为准确地调整计划关系，应确认计划法作用的客体范围。就矿产资源规划法来说，应将计划对象系统规定于规划法之中，以赋予其统一的强制效力，它们是由全国性矿产资源规划、行业性矿产资源开发规划和地区性矿产资源开发规划构成的，形成以全国、省(区、市)、市(地)、县(市)矿产资源总体规划为主线，各类专项规划相配合的矿产资源规划体系。目前，结合国土空间规划的制定，自然资源部2020年3月颁布《关于全面开展矿产资源规划(2021—2025年)编制工作的通知》，通过省级规划的编制和实施，加强对矿产资源规划的实施管理。制定矿产资源规划法时，应统一规定各级规划的层级效力关系，

① 参见漆多俊：《经济法学》(第4版)，高等教育出版社2019年版，第45页。

可将规划实施办法中的规划效力归入规划基本法中，以提升规划的法律效力。

最后，计划法包括计划实体法、计划程序法，前者体现为计划的效力，后者体现为计划编制、审批、下达中当事人间的权利义务。目前，自然资源部已下发《市、县级矿产资源规划编制指导意见》，但体系化的规划程序仍需立法完善。

第二，完善矿业权市场化法律机制，实现有效的政府监管。资源配置的两大手段是市场调节和政府干预，市场机制是优化资源配置的基础，由于矿业的准市场特性，政府必须规制矿业市场，以防止市场失灵。

首先，在法律手段培育矿业市场中，立法应确认多样化采矿权流转的法律地位，即矿业权人有权根据经营需要独立地将采矿权转让、抵押或入股，这有利于矿山企业利用采矿权充分融资。以抵押为例，矿业资金密集型的产业特征，采矿权抵押已成为国际惯例。① 在东北老工业企业改造的实践中，引进内外资及国外先进的技术需要向外国银行贷款，采矿权作为抵押物往往是贷款方的首选。当然，采矿权处分时仍然要受到受让人资格的法定限制。同时，矿业权与所有权分离的出租、承包等形式，也应纳入法律调整的范围，以使其行为受到矿产资源法的制约，监控承包人、承租人的矿山开采行为。从国际惯例上看，许多国家规定了租矿权制度②，中国矿业市场的开放已大势所趋，规范采矿权的出租、承包对未来矿业市场的国际竞争具有重要意义。

---

① 参见张洪波：《论自然资源利用权的市场化改革》，载《论自然资源利用权的市场化改革》2004 年第 5 期。

② 《日本矿业法》第 9 章、《韩国矿业法》第 7 章都规定了租矿权制度。参见肖国兴、肖乾刚：《自然资源法》，法律出版社 1999 年版，第 123 页。

其次,强化矿业市场的法律规制。(1)建立严格的市场准入和市场退出制度。不仅要根据法定登记许可条件赋予矿业权,还应实行赋权条件跟踪制度,对于经营过程中技术、设备、环保低于规定要求的,应撤销其采矿权,通过使用“资格罚”的法律责任形式,体现国家对矿业市场的强力干预。同时,对欠缺法定资格的矿山企业,矿业法应实行资格即行失效制度,防止地方政府或企业借责令整改、限期补办手续之机,规避法律责任。(2)应建立政府对矿业权流转市场的价格干预制度,实行采矿权最低价格制度,当市场交易价格过分低于最低价时,政府应从资源保护的角度,进入市场买受该采矿权,防止市场波动引发的资源贬值。(3)完善采矿权取得的法定形式和效力。《探矿权采矿权招标拍卖挂牌管理办法(试行)》规定了矿业权以招标拍卖方式取得的法定形式和效力。《探矿权采矿权招标拍卖挂牌管理办法(试行)》规定了矿业权以招标拍卖方式取得的法定情形,但主要适用情形由省级主管部门确定。由于没有规定省级主管部门确认招标拍卖方式的法定条件,地方政府赋予矿业权时有很大的随意性。因此,必须进一步明确招标拍卖矿业权的适用范围或适用条件。同时,还应规定应适用招标拍卖形式而未予适用的协议无效制度。(4)对矿产品交易市场实行政府监管,对于我国稀缺的重要矿产资源,禁止初级产品出口。应规定重要矿产资源初加工出口产品的技术标准,以提高矿产品的技术附加值,促进矿产品的深度开发,降低资源的浪费。

第三,完善税收立法,发挥政府对矿业市场的宏观调控功能。税收制度是宏观调控的基本手段,它具有激励和约束双重功能,税法通过对不利于资源保护的行为征税,发挥约束机能,促使经济主体不做制度禁止或限制不利于自己的行为;税法通过减、免税等税收优惠,形成激励机制,有助于经济主体自觉地与矿业法的目标趋向相一致，降低制度实施成本。因此，完善我国矿业资源税制对资源的可持续利用是必要的。

（1）立法应建立独立的矿业税制，以突出矿产资源的优先地位和规定详细的税收法律关系。我国矿业税被纳入资源税，计税依据和税收客体单一，从国际惯例来看，各国不仅有独立的矿业税，而且内容丰富，种类也多样，除了与其他行业相同的税种外，还有几种代表性的专门因经营、开发矿产品而征收的税种。一为采掘税，又称资源枯竭税，即按矿业政策征收的税赋，用于寻找新矿，替代耗竭矿补贴等，美国各州均规定该税种；二为矿产品统一税，即对一切矿产品的生产、销售、消费和出口等任何矿业活动只征税一次，如巴西。[①] 三为矿产品消费税，《菲律宾矿业法》规定，承包商应依照国内税收法交纳矿产品消费税。通常依据矿产品实际总产值征收2%。[②] 从各国矿业税制分析来看，矿业税涉及所有的矿产品。根据国家的矿产资源储备与稀缺状况决定税种设计，如巴西的矿产资源丰富，仅征收一次性的统一税，而矿产资源稀缺的菲律宾则对矿产品的消费也征税。由于稀缺程度决定了税制调控资源的强度，因此，我国可根据不同矿产资源储备情况，征收采掘税和消费税。同时，应规定全部矿产品统一适用的各种税赋制度，使开采和生产的自用与销售的、未销售的矿产品都纳入税收体系。

（2）在计税方式上，矿业税制的国际惯例是从量与从价相结合，既考虑环境、资源的消耗、贬损的数量，又有利于使矿业成本通过价格内化。我国在矿

① 参见肖国兴、肖乾刚：《自然资源法》，法律律出版社1999年版，第340页。

② 《菲律宾矿业法规与政策概况》，载http://www. Chinaland resources，最后访问日期：2005年4月5日。

业税的计征上应实行从量与从价的并行方式。

第四,对提高矿产资源利用行为实行减免税激励。目前,我国资源税设立的主要目的是调节级差收入,因而资源税减、免仅适于开采原油、纳税人因意外事故或自然灾害遭受重大损失的情形,立法应建立激励纳税人集约利用矿产资源的机制。例如,规定对利用新技术减少污染的生产企业、对深加工达到法定标准的应税产品实行减税。

第五,完善矿业环境保护法律制度。为公益目的可以设置必要的权利负担。环保具有明显的公益性,而且矿业是污染性行业,因而对矿业权设立必要的环境保护权利负担是合理的。完善我国矿业环境生态保护法律制度应考虑如下方面:其一,在授予矿业权时实行环境条件优先原则。矿业权许可应体现环保优先,在同等条件下,环保技术优良、设备先进的矿业主应优先取得矿业权。其二,注重资源法与环境保护法的融合与衔接,注重各部门法的协调。《矿产资源规划管理暂行办法》对此进行了有效的规制,将资源开发利用和环境保护有机联系起来。但由于立法的层次较低,该办法中也没有明确的制约机制,可操作性不强,还需进一步完善。其三,加强环境保护力度,重视闭矿后的环保。首先,确定政府的公共投资义务。以往矿业用地复垦,污染治理费用摊提取、使用等没有纳入矿山企业的财务管理,没有内化的成本既不利于促进经济增长,也不利于环保。应加大政府投入,国家从财政收入中拨付专款(可以从环境税中按产品交付税额的一定比例拨付),保证行业的环保协调运行。其次,环保规划要做到有始有终,应注重闭矿后的环境保护,可以借鉴国外矿业法对闭矿后的环境保护措施。其四,扩大矿业损害补偿的范围。应将矿业损害的补偿范围扩大至生态补偿。

2. 发挥地方经济立法的功能，协调东北经济振兴

东北地区振兴，须三省在资源整合的基础上统一制度供给，基于共同的矿业资源特征、共同问题和共同发展战略，东北地区应以区域经济为载体，充分发挥地方经济法规的作用，配置区域振兴所需的资源经济法律制度。

传统经验表明，法制推动经济振兴的规律是，在国家先行出台统一的政策和立法，形成普遍的法律规则、导向后，地方按国家法律实施经济改革，地方的立法行为具有滞后性，如日本在20世纪50年代经济振兴中，国会出台了《振兴工业纲要》《中小企业促进法》；德国在经济振兴中突出了国家经济立法的指导性功能。各地方依据国家在税收、投资方面的法定政策和发展规划，制定地方经济发展战略。在我国，由于中央与地方分权的政治体制，中央与地方性的关系也有这种依从性。但是，在经济关系需要变革和超常发展的情况下，地方的区域性特征使地方对中央的依从性显然不能满足经济振兴的特殊要求。老工业基地改造的复杂性、艰巨性迫切要求立法者用新思路、新方法加快立法提供制度保障，用足、用好地方立法权。按照我国《立法法》规定，在中央和地方均可立法的范围内，中央享有优先立法权，但中央立法未尽事项，地方性法规可以细化；中央未立法的，可以先行制定地方性法规。当前，东北三省的立法机关应分以下三种情况加速地方立法：一是对中央关于老工业改造政策已经明确的，按政策规定，迅速完善地方立法。二是中央没有特殊政策的，应积极按照宪法、立法法的规定的，可结合地方的实际，创造性地制定地方性法规、规章，体现地方特色。三是对中央既没有政策出台，又没有法律、法规规定的，地方立法机关应按照宪法、立法法的规定，大胆超前立法，以此促进老工基地的高速发展，为中央立法提供依据和经验。

具体到矿产资源立法方面，首先，东北二省应针对剩余矿产资源，制定不同于国家、不同于独立省级的地区保护性开发规划，通过地方立法赋予其效力。同时，根据国家探矿权市场化的政策精神，制定民营资金进入探矿权市场的规则，加快新矿藏储备的助查.以补充后备矿产资源。其次，制定东北经济区域矿产资源总体规划和专项规划，以地方性法规保障其实施。再次，开展以资源持续利用为目标的地方性法规清理活动，纠正个别地方性法规中存在的以片面牺牲资源、环境追求地区经济增长的落后发展模式。例如，一些地方性法规中为解决矿山企业的困难自行规定减免资源税、减免排污费，这会使地方经济重蹈资源滥采的覆辙。最后，通过地方立法，建立地方政府矿业环境责任制度。现实表明，矿产资源状况恶化的主要原因在政府。而对东北地区严峻的资源压力，必须及早立法，使“区域割据”的环境保护和资源滥采的地方经济增长主义付出代价。

第三章　地方政府间土地权属争议法律制度研究(上)

引　言

2019 年 7 月,自然资源部、财政部、生态环境部、水利部、国家林业和草原局联合印发《自然资源统一确权登记暂行办法》要求,自然资源所有权主体、所有权代表行使主体、所有权代理行使主体应纳入确权范围。这意味着自然资源国家所有权在地方代理主体和代表主体的层级和横向关系上需要明确各自的权利边界。在国家所有权统一性的传统理论下,地方政府之间的土地边界采用内部协议或者行政处理的方式。自然资源统一登记将确定地方政府的资源物权、相互之间争议边界成为具有物权法性质的外部法律行为。以土地为基础,地方政府占有和管理的自然资源也将被纳入确权范围。新的自然资源确权登记制度必然带来现有地方政府间土地权属争议规则的改革。因此,基于物权法理论和地方政府自然资源管理权力的特殊性,研究完善确权的程序和实体制度,具有必要性和可行性。

一、地方政府间土地权属争议的典型案件与类型

(一)榆林市榆阳区米家园则、横山县行政区域界线争议案:单纯的土地边界争议

榆林市榆阳区鱼河镇米家园则村民委员会(以下简称米家园则村委会)与榆林市人民政府、陕西省人民政府行政复议决定案。①

2000年12月20日,榆林市人民政府在原《横山县人民政府和榆林市人民政府联合勘定行政区域界线第一号协议书》的基础上作出《关于榆阳区与横山县边界线归德堡村与新开沟村段争议区的处理决定》(榆政发〔2000〕37号,以下简称《37号处理决定》),对榆阳区与横山县边界争议土地进行划分,其中榆阳区米家园则村与横山县刘家沟村边界处争议土地归属于横山县刘家沟村所有。2002年3月30日,陕西省人民政府作出陕政函〔2002〕62号批复,同意处理决定。2014年3月,横山县刘家沟村对涉案土地实施开发复垦时遭到米家园则村委会的阻止。2015年3月,米家园则村委会调取了《37号处理决定》,提出该决定将属于其集体所有的土地标点、标线给刘家沟村,侵犯了米家园则村民集体土地所有权,村委会对该决定并不知情,并提供了《林县区保总图》《林业勘界图》《榆林县行政图》,认为从1938年起至今涉案土地

① 参见(2015)榆中行立字第19号、(2016)陕行终12号、(2016)陕71行初135号、(2016)陕行终550号、最高人民法院(2017)最高法行申2151号判决书。

归榆阳区米家园则村所有。3月24日米家园则村委会起诉至榆林市中级人民法院，请求撤销《37号处理决定》，并停止侵害、恢复原状。一审法院以没有明确被告为由裁定不予立案。米家园则村委会上诉至陕西省高级人民法院。二审法院以行政区域界线争议不属于行政诉讼的受案范围为由，裁定驳回上诉。2016年4月6日，米家园则村委会向陕西省人民政府提交行政复议申请，请求确认陕政函〔2002〕62号批复违法并予撤销。2016年4月13日，陕西省人民政府作出陕政复不受字〔2016〕09号《不予受理行政复议申请决定书》（以下简称陕政复不受字〔2016〕09号决定书）。之后，米家园则村委会向法院起诉，要求撤销陕政复不受字〔2016〕09号决定，经一审、二审、再审程序后，西安铁路运输中级法院、陕西省高级人民法院、最高人民法院均认为，陕政函〔2002〕62号批复是陕西省人民政府批准同意榆林市人民政府对榆林市榆阳区、横山县行政区域界线争议的处理决定，是人民政府履行行政区划的管理职责，不属于行政复议受理范围，驳回米家园则村委会的诉讼请求。

（二）平原实业公司土地确权申请案：[①]涉及财产利益的权属争议

2009年4月，某市国土资源局受理了由该市平原实业公司提出的确认土地权属争议申请。经查，1970年4月该市A区北郊乡政府经市政府同意，将A区平原实业公司原址划为其办公用地，平原实业公司迁至此地办公。平原实业公司前身为王庄村委会，1985年以前归A区北郊乡政府管辖。1985年该市政府下发了王庄村村民全部转为城镇居民的文件。1986年A区政府撤销王庄村建制，成立平原实业公司，隶属A区管辖。1988年9月，A区政府、

① 参见张玉菊：《行政区划调整形成的土地权属争议应如何确定》，载《资源导刊》2012年第3期。

北郊乡、平原实业公司召开协调会,形成《会议纪要》。《会议纪要》明确规定:“北郊乡政府所在地原为王庄村土地,因征地手续不完备,应补办手续。之后,平原实业公司不予索要。”因该土地权属情况复杂,北郊乡政府用地手续一直未能补办。2003 年 9 月,该市行政区划调整,北郊乡政府被撤销,原北郊乡政府机关整体移交 B 区政府包括土地 6 亩,平原实业公司归 A 区政府管辖。B 区多个区属单位使用原北郊乡政府机关用地至今。2008 年,平原实业公司以北郊乡一直未补办征地手续,且对北郊乡政府所占土地征收的农业税一直缴纳至 2003 年区划调整前为由,向该市原国土资源局提出土地确权申请。在处理过程中,原国土资源局认为,因 1988 年 A 区政府、北郊乡、平原实业公司召开的三方协调会形成的《会议纪要》已明确土地为王庄村土地,应确认争议土地权属仍属王庄村;由于补办手续未落实,当地政府可协调 A 区政府和 B 区政府对平原实业公司进行补偿,协调确定该争议土地为 A 区或 B 区政府。2010 年 7 月,通过市原国土资源局发函,A 区政府和 B 区政府的共同上级即某市政府协调,确定了争议当事人的土地边界。

(三)文某与瓦房店市人民政府等海域使用权纠纷案:[①]涉及自然资源的用益物权

2007 年 5 月,大连市人民政府、金州区人民政府和瓦房店市人民政府三方共同签署了《辽宁省大连市金州区和瓦房店市海域行政区域界线协议书》(以下简称《界线协议书》),约定包括本案诉争海域在内的部分海域划入瓦房

① 参见(2010)瓦行初字第 12 号、(2011)大行终字第 96 号、(2014)辽行监字第 420 号、(2015)大审行终再字第 4 号、(2015)瓦行再初字第 1 号、(2016)辽 02 行再 6 号、(2017)辽 0281 行初 82 号、(2017)辽 02 行再 2 号判决书。

店市行政区域,协议书上报国务院批准并自批准之日起生效。2008 年年初,经文某申请,金州区人民政府向其颁发包括诉争海域在内的金州区七顶山街道 33,921.14 亩海域使用权,并在金州区海洋与渔业局登记。2008 年 6 月 30 日,因金州区对《界线协议书》反映意见较大,大连市海洋与渔业局经与省海洋与渔业厅协调,下发《关于调整瓦房店市与金州区海域行政界线的通知》(以下简称《调整界线通知》),对两地海域界线重新做出划分,并规定最终界线以此次调整为准,诉争海域管辖权归属未予明确。2009 年 9 月 21 日,经夏屯村村委会申请,瓦房店市人民政府向其颁发海域使用权证书,并发布确权审批公告。2010 年 5 月 8 日,金州渔民文某下海作业时遭夏屯村村委会阻挠,文某主张自己是金州区的渔民,有权捕捞。后者提出文某越界捕捞。文某遂向大连市人民政府申请行政复议,要求撤销瓦房店市人民政府的颁证行为,大连市人民政府作出大政行复字(2010)第 34、37 ~ 44 号行政复议决定书,维持大连市人民政府作出的具体行政行为。文某于 2010 年 11 月 24 日向法院提起行政诉讼。该案经一审、二审、再审诉讼程序后,2017 年 11 月 17 日,大连市中级人民法院作出终审裁定,裁定本案属海域管辖权争议。因涉案海域归属由国务院最终确定,不属于法院司法权解决的范围,因此驳回文某起诉。本案以下简称"文某案"。

二、地方政府间土地权属争议案件的特点

笔者通过梳理司法实践中相关案例,发现地方政府间土地权属争议颇为值得关注。

(一)土地权属争议演化为地方政府各类用益物权的争议

由于现行法律将土地权属争议纳入行政程序,行政机关以行政裁决的方

式处理争议,故地方政府间的土地权属争议难以通过相关网上数据库显示案件的数量,笔者无法直接以“地方政府土地权属争议”为关键词进行有效的统计。以“用益物权纠纷”为关键词检索,相关数据可以显示土地权属争议的案件数量趋势。笔者以各准物权纠纷作为关键词,检索北大法宝案例数据库发现,自 1979 年开始,截至 2019 年 3 月 27 日,与土地边界权属争议相关的案件以取水权纠纷为案由的案件数为 35 件、海域使用权纠纷 136 件、采矿权纠纷 1144 件、探矿权纠纷 330 件、养殖权纠纷 46 件、捕捞权纠纷 3 件。当事人之间准物权纠纷案件的增多反映出以土地为基础的自然资源物权被日益重视,地方政府对本地不动产权益的关注范围,亦从注重土地权益延伸至对海域、水域、矿藏等其他自然资源。例如,在海域方面,北大法宝数据库显示地方政府权属间争议涉及 37 个岛屿权属边界、10 个滩涂的省际边界、20 多处近海海域使用权权属争议。

(二)土地权属争议导致政府社会公信力的贬损和资源利用失序

土地承载着诸多自然资源。地方政府间的土地权属争议往往引起土地利用和其他自然资源利用过程中消极的社会后果。由于我国地方政府土地权属是以行政区划为基础,土地争议的背后是地方自治权和自然资源利用与监管责任的分区。土地权属边界不明导致资源监管与利用无序。

1. 土地权属争议引起地方政府之间资源管理权的冲突

地方政府的管理权会带来地方资源利用的经济利益。土地权属争议的行政本质是地方政府监管权力范围不明,在发生争议时往往形成自然资源管理权的争夺,损害公共机构的社会公信力。例如,2017 年 4 月 6 日,山东籍渔船在事发海域苏鲁交界处捕捞海参和鲍鱼,前岛公司保安队发现对方后,认为该作业区域隶属前岛公司海珍品养殖区范围。前岛公司保安队对山东籍船只进行驱赶，并登船警告。但是，上船的4名保安人员却被山东籍渔船扭送至山东省日照市岚山派出所。前岛公司保安队负责人王某龙前往交涉后，也被扣押。事发后，连云区委、区人民政府联合成立工作组，介入争议的协调处置。连云区与连云港市公安、边防、海警等部门还曾前往日照市公安分局协商，但最终未果。日照市岚山区检方最终对扣押10人指控了11起敲诈勒索行为。2018年7月24日，日照市岚山区人民法院开庭审理了该案。被告人及辩护律师就案件管辖权、事发海域归属以及山东渔船的捕捞是否合法等问题质疑。被告代理律师认为，从本案的侦办时起，日照市公安局岚山区分局就没有管辖权。① 本案中，日照市公安局按照属地原则对事发海域行使治安权力的基础应是日照市政府与连云港市政府海域行政管理界线明确。在两地海域权属界线不清的情况下，可能导致本应受到治安处分的违法行为，由于公安机关的主体越位而程序违法，海域使用的违法行为不能得到有效纠正。两地海域执法机关的管理权之争影响了实体上的执法效果，损害了国家海域管理的社会公信力。

2.地方政府间土地争议可能造成资源低效利用或者过度利用

土地权属存在争议，导致各方权利人竞相主张权利，争夺资源利益。例如，海域资源的权属不明不仅造成两地行政主管机关均发放海域使用权证书，但却不予监管，使海域过度捕捞，资源滥用，发生“公地悲剧”现象。同时，

① 参见王昱倩:《苏鲁交界“前三岛”海域归属争议致渔业纠纷》，载新浪财经网，http://finance.sina.com.cn/world/2018-07-28/doc-ihfxsxzh0168048.shtml，最后访问日期:2019年4月19日。

土地边界存在争议还可能使相关的自然资源利用处于冻结状态,各方均无权使用,导致争议的土地和其他相关资源人为地闲置或者用途的受限。例如,《水法》第56条规定:"不同行政区域之间发生水事纠纷的,应当协商处理;协商不成的,由上一级人民政府裁决,有关各方必须遵照执行。在水事纠纷解决前,未经各方达成协议或者共同的上一级人民政府批准,在行政区域交界线两侧一定范围内,任何一方不得修建排水、阻水、取水和截(蓄)水工程,不得单方面改变水的现状。"

3. 地方政府间土地争议带来相关资源利用权利人对自然资源用益物权的权利重叠与冲突

在天津市汉沽区与河北省丰南县盐业用地与养殖用地争议中,两县因争夺滩涂经营使用权在1991年发生严重的械斗事件,引起中央高度重视。山东省日照市与江苏省赣榆县两地由于河道边界不清,村民长期无序、无度采伐河砂,致使砂源减少,河岸侵蚀严重。[①] 河北省黄骅市与山东省无棣县近海渔场界线不明,导致中华人民共和国成立以来渔民因越界捕鱼发生5次纠纷。在水资源方面,以白洋淀地区水事纠纷为例,白洋淀分属保定、沧州两个地区,包含安新县、高阳县、容城县、雄县和任丘市5个县市。各地区基于水域管理界线不清而水事不断。2002年春节期间,因西大洋水库向白洋淀补水期间,安新县只考虑自身利益,将通向下游任丘市方向的河道、航道全部堵闭,引起任丘市群众不满引发纠纷。[②] 2004年安新县东田庄村和任丘西大务村因

① 参见范海江、马志强:《跨区域环保监管:需打破"一亩三分地"观念》,载中国新闻网,https://news.qcc.com/postnews_78b385064a9f9515581ff82be9b5f768.html,最后访问日期:2020年4月23日。

② 参见吴新玲:《白洋淀水环境保护分析》,载《黑龙江水利科技》2013年第2期。

白洋淀内修筑围埝发生纠纷，后经过河北省水利厅、河北省政府协调，抢水风波平息。1988 年白洋淀重新蓄水后，为保护白洋淀水资源，河北省政府成立了白洋淀管理处，对白洋淀水资源统一管理及保护起了一定作用，但因白洋淀区划隶属 5 个县市，各自为政，对白洋淀条块分割、行政区域分割，区域相互之间缺乏协调和衔接，造成了水事失序、污染失控和治理失效。①

（三）地方政府间权属争议影响第三人的合法权益

自然资源是人类社会生存和发展的物质基础，对自然资源的利用包括所有人对自然资源的利用和非资源所有人的利用。一方面，自然资源的所有权由国务院及地方政府行使，同时，农村集体经济组织对农村区域的自然资源也依法享有所有权。另一方面，按照自然资源有偿使用制度，地方政府主管部门对管辖范围内的自然资源通过行政许可方式授予公民、法人或其他社会组织使用、收益权。因此，地方政府对土地的管理权不仅直接决定土地范围内自然资源的管理权、支配权力，也影响第三人能否获得自然资源使用权以及权利边界的确定。地方政府在行使国家土地所有权过程中，通过订立国有建设用地使用权出让合同，使土地使用人获得经营性建设用地的土地使用权。其他自然资源依法也采用自然资源使用权出让的方式设定用益物权，由第三人行使自然资源的利用权。而出让行为在性质上属于权利的处分行为，必须以明确的权属为前提，否则，会违反“一物一权”原则，造成法律上的无权处分，受让使用权的第三人也会因为权属不明无法有效地行使自然资源利用权。例如，在“文某案”中，涉案海域由金州区人民政府抑或瓦房店市人民政

---

① 参见吴新玲：《白洋淀水环境保护分析》，载《黑龙江水利科技》2013 年第 2 期。

府哪一主体享有管辖权,直接决定文兴获得的海域使用权的合法性。据媒体报道,江苏、山东两省因黄海南部前三岛海域的界线划分模糊,多次导致两地渔民渔业权纠纷,也根源于两地海域权属的争议。① 因此,有效地处理地方政府间以土地为代表的自然资源权属争议,对于维护资源物权的交易安全,促进自然资源有序利用具有重要的意义。

(四)土地权属争议的本质是地方经济利益的冲突

地方政府在管辖范围内的土地利益包括土地所派生的多项财产权益和管理权力,财产权益包含资源支配权、资源收益权。在本质上,土地权属争议是地方自治下的利益冲突。土地之于地方政府是区域的基础构成要素,也是实现区域管理职能的载体。同时,基于自然资源的地域属性,地方政府排他性地对自然资源占有、使用、收益,地方政府的资源行政管理职能和经济职能并行。具体而言,在管理权方面,土地管理权是土地规划权、用途管制权、开发许可权、征收权、登记权、税收权、监督权等构成的一组权力束式的结构体系。这一权力束结构中,管理权又可具体分为内核性权力和配套性权力。前者主要包含土地规划权、土地用途管制权、土地开发许可权和土地征收权等基于土地资源承载的公益目标而进行管制的权力;后者主要由土地登记权、土地税收权和土地监督权构成的保障土地管理权能够有效运行而设置的权力。② 基于地方本位主义,地方政府必然会争夺土地资源,以扩大权力管辖范围,扩张本地区资源的利用空间。在资源支配权方面,地方政府享有先天性

---

① 参见王昱倩:《苏鲁交界"前三岛"海域归属争议致渔业纠纷》,载新浪财经网:http://finance.sina.com.cn/world/2018-07-28/doc-ihfxsxzh0168048.shtml。

② 参见张先贵:《土地开发权与我国土地管理权制度改革》,载《西北农林科技大学学报(社会科学版)》2016年第2期。

的占有优势，占有产生的事实上排他性又使地方政府形成土地资源的垄断利益。《土地管理法》将城市土地区分为经营性建设用地和公益性建设用地，公益性建设用地用于基础设施、公共事业，承载公共利益，同时，也是经营性建设用地得以提升市场价值的间接条件。对于经营性建设用地，政府通过出让、租赁、授权经营、作价出资等有偿使用方式，实现土地的经济价值。在收益权方面，政府依靠土地出让金；并通过向金融机构抵押土地使用权，筹集市政建设资金。“土地财政”和土地抵押融资已成为地方政府推动经济发展的重要手段之一。根据财政部公布的全国政府性基金预算收支情况，2013 年至 2017 年，全国土地出让收入分别为 41, 250 亿元、42, 940 亿元、32, 547 亿元、37, 457 亿元和 52, 059 亿元。在一些地区，土地直接税收及城市扩张带来的间接税收占地方预算内收入的 40%，土地出让金净收入占政府预算外收入的 60%。土地资源因其附加的巨大经济利益而被地方政府间竞相争夺。①

改革开放以来，随着区域经济的不断发展，地区之间从自给自足、彼此独立开始寻求各领域的合作，积极构建伙伴关系，形成了省级政府间的环渤海、长三角、珠三角三大经济带及地市级政府间的长株潭、厦漳泉等经济区。合作的长期博弈能够搁置、消除相邻地方政府之间的土地权属争议。伴随地方政府间合作的频率、广度、深度的增加，区域利益和合作共同利益不能完全达成一致时，各地方政府就会为保护本地区的经济、环境利益，而与其他地方政府产生区域性资源纠纷。

---

① 参见刘展超：《2018 年全国土地出让收入超 6.5 万亿元，再创历史新高》，载新浪第一财经网，http://finance.sina.com.cn/roll/2019-01-24/doc-ihrfqzka0463454.shtml。

三、地方政府间土地权属争议的成因

(一)法律原因

1. 地方政府土地权利边界没有通过登记加以公示

地方政府间土地权属争议源于地方政府对土地的法律上和事实上的支配权。但支配权和管理权的边界是通过行政区划划定的,而没有进行边界的公示。其一,现行法律确立了城市土地国家所有权和国务院及其下属地方政府代表国家行使土地所有权的具体规则。《土地管理法》第9条规定,“城市市区的土地属于国家所有”。《物权法》第45条规定:“法律规定属于国家所有的财产,属于国家所有即全民所有。国有财产由国务院代表国家行使所有权;法律另有规定的,依照其规定。”其二,现行法律对自然资源的国家所有权和地方政府代理权、代表权等行使权利状况实行免于公示制度,使地方政府的土地支配权边界不适用《物权法》上的强制登记和公示要求。《物权法》第9条规定:“不动产物权的设立、变更、转让和消灭,经依法登记,发生效力;未经登记,不发生效力,但法律另有规定的除外。依法属于国家所有的自然资源,所有权可以不登记。”在纵向各层级地方政府行使土地权利的范围上,通常以行政管理边界确定边界,由于历史遗留问题和行政区划的调整,导致土地边界变化,土地权属边界不明的问题。

2. 地方政府土地边界被视为地方行政管理权的空间界限

通常认为,在横向上,地方政府土地的边界的功能是明确了同级相邻行政区的具体管辖范围,以维护地方的管理秩序,促进地方资源的合理开发和监管;为地方土地资源宏观调控和土地市场使用管理提供保障。在该种功能定位下，地方政府之间土地权属争议的解决被视为在行政系统内部的协调和上级对下级政府管理职权的重新划定。由此，内生出土地权属争议处理的行政“科层”处理与“协商”为主的行政调处机制。

3. 宪法规则下行政机关行政区划体制的频繁变动

我国《宪法》第62条、第89条、第107条是我国行政区划变动的相关条款。依《宪法》第62条第12款、第13款规定，全国人民代表大会批准省、自治区和直辖市的建置；决定特别行政区的设立及其制度。《宪法》第89条第2款规定，国务院行使批准省、自治区、直辖市的区域划分，批准自治州、县、自治县、市的建置和区域划分。第107条第三段明确了行政区划的审批主体。可见，根据我国《宪法》，除了省级行政区域的设立由全国人民代表大会批准之外，自治州、县、市的单位设立及区域划分由国务院决定，乡镇单位设立及区域划分由省级人民政府决定。由于行政区划体制只需政府一纸行政命令即可以改变，导致我国行政区划体制变动频繁，并且行政区划的变动多与经济发展战略相关的政策实施相关，体现出突出的土地边界行政干预的特征。在此背景下，地方资源权利往往被漠视，边界的变动中地方政府之间的自治和资源问题的合意让位于上级政策目标。其后患就是只对行政权力概括地调整，没有依据法律重新划定行政区域变动后的土地边界。

(二)行政区划管理边界的政策性变动和历史原因

地方政府行政边界通常采用地理勘界的方式确定。中华人民共和国成立伊始，开展陆地和海域勘界时，原政务院要求按照遵循历史与兼顾现实的原则，考虑历史沿革、现实变化及当地群众生产生活习惯，按照机关层级确定省级、市级和县级三级界址。“文化大革命”时期，由于勘测技术粗糙和政治动荡，且因为我国幅员辽阔，工作浩繁，地方政府行政勘界工作常常人为地中断。改革开放之后，为配合落实中央与地方分权政策，维护地方的自然资源出让权和自然资源市场监管权，1998 年《行政区域界线处理条例》明确民政部负责全国勘界工作，并成立了全国勘界工作办公室和信息中心，负责研制和开发行政区域界线信息管理。1999 年开始，国务院要求 2000 年基本完成省、市、县级对历史遗留的勘界工作。[①] 截至 2005 年，全国基本完成陆地和海域勘界工作。虽然，地方政府间的土地及海域区域界线基本划定，但尚有部分区域因历史原因未能确定界线。

第一，行政区划变动。以江苏、山东两省就黄海南部前三岛海域的归属问题为例。中华人民共和国成立初期，连云港曾划给山东鲁中南行署管辖，前三岛跟着划入新海连。1951 年，连云港市被划归徐州专区管辖，而当时徐州由山东代管，是山东的地级市。1956 年，区域调整后，徐州地区划回江苏。前文提及的“前三岛”海域资源争议案件就是前三岛由山东省归入江苏省所引发的两省对前三岛海域归属的争议。

第二，历史上权属不明。我国城市的优质资源大致从核心区向边缘区递减，然而，当前城市的蔓延式发展使旧有的边缘乡镇、村庄成为当前开发的重点，乡镇之间、村庄之间的界线存在很多行政边界模糊的区域。随着城市开发利益的驱动，边界模糊区域的土地和其他自然资源常被占有人所觊觎，最终演化成抢夺土地的矛盾。

---

① 参见陈克相：《勘界：全国省县行政区域界线基本贯通》，载《中国民政》2000 年第 12 期。

第三，对传统耕作习惯的保护。以传统渔民用海权为例，渔民在传统的生产和生活方式下，依赖海洋提供的天然资源维持生存与繁衍，而对海域重新划定界线，可能造成他地渔民被迫改变传统捕鱼习惯，大量失海现象，进而引发民生问题。为维持地区稳定，管理机关采取维持边界现状，暂不划分区域边界的妥协政策。除此之外，实践中还存在资源权属明确，但因用海习惯无法立即更改、法律上的权利人对无权占有人长期默认后，又持反对意见的现象，引发的事实权利边界的确认问题。

四、现行解决地方政府间土地权属争议规则的问题分析

（一）解决地方政府间土地权属争议规则的构成

早在1981年，国务院就颁布了《行政区域边界争议处理办法》（以下简称《办法》）。《办法》第5条、第6条规定，省、自治区、直辖市内部及彼此之间的边界争议由双方人民政府协商解决，达成协议由双方负责人在协议书（附图）签字盖章并报请上一级政府批准。若协商不成，将各自的解决方案报请上一级人民政府决定。这是我国最早处理行政区域边界争议的法律规定。1989年12月国务院《行政区域边界争议处理条例》（以下简称《处理条例》）出台，《办法》随之失效。目前为止，《处理条例》是规定地方政府间土地管理边界争议的主要依据。首先，《处理条例》明确调整的对象为边界争议，即省、自治区、直辖市之间，自治州、县、自治县、市、市辖区之间，乡、民族乡、镇之间，双方人民政府对毗邻行政区域界线的争议。其次，《处理条例》规定了争议的处理依据和处理程序。对于地方政府间土地管理权边界的调整，国务院通过行政法规规定了具体的程序。《处理条例》第6条规定："民政部是国务院处理

边界争议的主管部门。县级以上的地方各级人民政府的民政部门是本级人民政府处理边界争议的主管部门。”《处理条例》延续了行政程序主导行政区划调整的立法传统,明确了处理边界争议的裁决主体,增加了变更行政区域的争议解决方式。最后,在部分自然资源单行法和环境保护立法中亦重申了这一行政处理模式。例如,2009 年《矿产资源法》第 49 条①和 2016 年《水法》第 56 条②规定地方政府间水事纠纷、矿产资源纠纷由地方政府协商或上级政府调处解决。2014 年《环境保护法》第 20 条、③2017 年《水污染防治法》第 28 条④、2017 年《海洋环境保护法》第 9 条⑤均规定了发生区域争议时采取“内部协商 + 科层决策”的解决模式。

按照现行程序规则,地方政府间土地权属争议的程序规则包括如下内容。

---

① 《矿产资源法》第 49 条规定:“矿山企业之间的矿区范围的争议,由当事人协商解决,协商不成的,由有关县级以上地方人民政府根据依法核定的矿区范围处理;跨省、自治区、直辖市的矿区范围的争议,由有关省、自治区、直辖市人民政府协商解决,协商不成的,由国务院处理。”

② 《水法》第 56 条规定:“不同行政区域之间发生水事纠纷的,应当协商处理;协商不成的,由上一级人民政府裁决,有关各方必须遵照执行。在水事纠纷解决前,未经各方达成协议或者共同的上一级人民政府批准,在行政区域交界线两侧一定范围内,任何一方不得修建排水、阻水、取水和截(蓄)水工程,不得单方面改变水的现状。”

③ 《环境保护法》第 20 条规定:“国家建立跨行政区域的重点区域、流域环境污染和生态破坏联合防治协调机制,实行统一规划、统一标准、统一监测、统一的防治措施。前款规定以外的跨行政区域的环境污染和生态破坏的防治,由上级人民政府协调解决,或者由有关地方人民政府协商解决。”

④ 《水污染防治法》第 28 条规定:“国务院环境保护主管部门应当会同国务院水行政等部门和有关省、自治区、直辖市人民政府,建立重要江河、湖泊的流域水环境保护联合协调机制,实行统一规划、统一标准、统一监测、统一的防治措施。”

⑤ 《海洋环境保护法》第 9 条规定:“跨区域的海洋环境保护工作,由有关沿海地方人民政府协商解决,或者由上级人民政府协调解决。跨部门的重大海洋环境保护工作,由国务院环境保护行政主管部门协调;协调未能解决的,由国务院作出决定。”

1. 以国务院的规章作为认定地方政府间土地权属的依据

《处理条例》规定了相关争议处理的实体标准和程序规则。2019年实施的国务院《行政区划管理条例》提供了权属变更合法性的根据。例如，争议处理部门对于地方政府因行政区划边界变更行为合法性的认定，多适用《行政区划管理条例》规定的程序予以审查。经争议双方协商未达成协议的，由争议双方的上级人民政府决定。必要时，可以按照行政区划管理的权限，通过变更行政区域的方法解决。

2. 以行政区划的决策主体为裁决争议的法定主体

1985年实施的《国务院关于行政区划管理的规定》第4条规定："下列行政区划的变更由国务院审批：(一)省、自治区、直辖市的行政区域界线的变更，省、自治区人民政府驻地的迁移……(三)自治州、自治县的行政区域界线变更，县、市的行政区域界线的重大变更；(四)凡涉及海岸线、海岛、边疆要地、重要资源地区及特殊情况地区的隶属关系或行政区域界线的变更。"第5条规定："县、市、市辖区的部分行政区域界线的变更，国务院授权省、自治区、直辖市人民政府审批；批准变更时，同时报送民政部备案。乡、民族乡、镇的设立、撤销、更名和行政区域界线的变更，乡、民族乡、镇人民政府驻地的迁移，由省、自治区、直辖市人民政府审批。"该规定是行政区域界线变更的主要法律渊源，明确了国务院是省级界线、县市级重大界线和重要资源地区界线变更的决定主体，省级是县市级一般界线、乡镇界线变更的决定主体。2004年1月5日，民政部发布《关于行政区划调整变更审批程序和纪律的规定》，对行政区划调整的审批程序作出框架性规定，体现出国务院和民政部对地方区域界线划分的决定权。2019年1月1日随着国务院《行政区划管理条例》

的实施,《国务院关于行政区划管理的规定》失效。《行政区划管理条例》(以下简称《管理条例》)整体上延续了前述内容,第7条、第8条重申了区域界线变更的决定主体,增加了行政区域变更中申请主体、报送材料、处理时限等程序性规定,确立了国家工作人员在行政区划管理中的法律责任,完善了行政区域争议的处理机制。《管理条例》第4条规定:"国务院民政部门负责全国行政区划的具体管理工作。国务院其他有关部门按照各自职责做好全国行政区划相关的管理工作。县级以上地方人民政府民政部门负责本行政区域行政区划的具体管理工作。县级以上地方人民政府其他有关部门按照各自职责做好本行政区域行政区划相关的管理工作。"国务院及地方人民政府的民政部门具体负责边界争议的处理,可以明确争议处理的具体分工,提高裁决的效力。

3. 原则性的实体性确权原则与依据

第一,有利于土地所有权统一管理和方便人民生活的确权的实体性原则。《处理条例》第3条规定,"处理因行政区域界线不明确而发生的边界争议,应当按照有利于各族人民的团结,有利于国家的统一管理,有利于保护、开发和利用自然资源的原则,由争议双方人民政府从实际情况出发,兼顾当地双方群众的生产和生活,实事求是,互谅互让地协商解决"。

第二,尊重人民政府划定的行政边界,以管理历史为实体性争议处理依据。《处理条例》第4条规定:"下列已明确划定或者核定的行政区域界线,必须严格遵守:(一)根据行政区划管理的权限,上级人民政府在确定行政区划时明确划定的界线;(二)由双方人民政府或者双方的上级人民政府明确划定的争议地区的界线;(三)发生边界争议之前,由双方人民政府核定一致的界线。"《处理条例》第 7 条将地方政府的行政划界文件作为处理边界争议的依据。[①] 第 8 条规定，发生争议前的历史边界应作为处理边界争议的参考因素。[②]

4. 内部行政程序终局原则

由于地方政府的土地权属源于土地的行政管理权，因此，其权属争议的解决适用行政边界的划分与争议的处理程序，对一般民事主体之间的自然资源权属争议，解决适用行政程序前置，采用适用行政复议、行政诉讼的司法终局原则。1986 年出台的《土地管理法》第 13 条第 1 款规定："土地所有权和使用权争议，由当事人协商解决；协商不成的，由人民政府处理。"《土地管理法》经后续的 3 次修订均保留了土地权属争议由行政处理的程序性规定，由此确立了土地所有权、使用权争议的行政处理原则。第 13 条第 3 款规定："个人之间、个人与全民所有制单位和集体所有制单位之间的土地使用权争议，由乡级人民政府或者县级人民政府处理。当事人对有关人民政府的处理决定不服的，可以在接到处理决定通知之日起三十日内，向人民法院起诉。"2017 年 9 月修订的《行政复议法》第 6 条规定："有下列情形之一的，公民、法人或者

---

① 《处理条例》第 7 条规定："下列文件和材料，作为处理边界争议的依据：（一）国务院（含政务院及其授权的主管部门）批准的行政区划文件或者边界线地图；（二）省、自治区、直辖市人民政府批准的不涉及毗邻省、自治区、直辖市的行政区划文件或者边界线地图；（三）争议双方的上级人民政府（含军政委员会、人民行政公署）解决边界争议的文件和所附边界线地图；（四）争议双方人民政府解决边界争议的协议和所附边界线地图；（五）发生边界争议之前，经双方人民政府核定一致的边界线文件或者盖章的边界线地图。"

② 《处理条例》第 8 条规定："解放以后直至发生边界争议之前的下列文件和材料，作为处理边界争议的参考：（一）根据有关法律的规定，确定自然资源权属时核发的证书；（二）有关人民政府在争议地区行使行政管辖的文件和材料；（三）争议双方的上级人民政府及其所属部门，或者争议双方人民政府及其所属部门，开发争议地区自然资源的决定或者协议；（四）根据有关政策的规定，确定土地权属的材料。"

其他组织可以依照本法申请行政复议:……(四)对行政机关作出的关于确认土地、矿藏、水流、森林、山岭、草原、荒地、滩涂、海域等自然资源的所有权或者使用权的决定不服的……"

地方政府间的土地权属争议没有适用诉讼终局原则,争议由地方的共同上级政府调处,最终结果呈报至国务院。在本质上采用了内部的程序规则。

(二)现行地方政府间土地权属争议解决机制内部化的本质

现行立法对地方政府间土地权属争议的处理适用内部行政程序,包括上级机关的行政调处和国务院享有最终的审批程序。

关于地方政府间的土地权属争议处理程序,《土地管理法》《土地管理实施条例》等法律法规和政策性文件未进行规定,主要依据为国务院 1989 年颁布的《处理条例》。《处理条例》第 3 条规定:"……经争议双方协商未达成协议的,由争议双方的上级人民政府决定。必要时,可以按照行政区划管理的权限,通过变更行政区域的方法解决……"第 6 条规定:"民政部是国务院处理边界争议的主管部门。县级以上的地方各级人民政府的民政部门是本级人民政府处理边界争议的主管部门。"其他自然资源法律对区域间土地权属争议同样设计了"内部协商 + 科层协调"的纠纷处理模式。例如,《水法》第 56 条规定了现行地方政府间发生水事纠纷主要由地方政府协商或上级政府调处。依《矿产资源法》第 49 条规定,跨省、自治区、直辖市的矿区范围争议,由有关省、自治区、直辖市人民政府协商解决,协商不成由国务院处理。关于跨区域的自然资源保护问题,环境法律选择了相同的纠纷解决机制。《环境保护法》第 20 条、《水污染防治法》第 28 条、《海洋环境保护法》第 9 条均规定了发生区域环境争议时采取类似解决途径。由此,现行法将资源与环境整合为一体，将区域间以土地为载体发生的资源与环境纠纷加以整合，置于内部化的救济框架之内。这种救济机制具有如下特征。

1. 争议当事人之间协商具有前置性和强制性

按照《处理条例》规定，争议的地方政府应先行协商争议的处理。虽然协商是政府间的内部程序，穷尽协商程序，尽量让当事地方政府自行达成处理边界争议的协调方案，是纠纷提交上级裁决和最终决策的前提。如果当事人之间达成边界划定的协议，经过民政部批准，边界划定协议即发生法律效力。如果无法达成协议，协商中各方的陈述意见也是代表了确权的意愿，往往成为裁处纠纷的重要参考。因此，协商程序具有强制的前置意义和实体的法律效果。即地方政府有权基于自身利益需要，在平等自愿的基础上协商划分界限，确定土地权利归属。在达成一致后，采取行政协议或会议纪要等书面形式确定权属界线，实践中书面确权文件通常附有技术性的划界标准和图示，表述协议中的边界位置。例如，2002 年年初，国务院办公厅发布《关于开展勘定省县两级海域行政区域界线工作有关问题的通知》（国办发〔2002〕12 号），要求在全国开展海域行政区域界线勘定工作。该通知要求各省按期完成省际勘界工作，并相互确认第三方勘界成果。在此基础上拟定划界草案，协商一致后由涉界人民政府签订划界协议书。最后，由国家海洋局将勘定的界线报国务院批准，整个勘定工作完成。如果涉界双方经多次协商后，划界方案仍旧难以达成一致，则交由上级人民政府裁定。地方政府间协商是较为高效且成本较小的纠纷处理方式，[①]在地方政府处理权属纠纷中最为常见，只有在双方或多方

① 参见鲍芳修：《区域一体化背景下地方政府间纠纷解决方式的扩展：类型与适用性》，载《云南行政学院学报》2017 年第 4 期。

无法协商解决时才采取科层协调等其他路径。例如,在“文某案”中,金州区与瓦房店区两政府间海域边界的争议系行政区划调整下形成的土地权属争议问题,市原国土资源局在处理中以会议纪要作为确定权属依据,并在区划调整后责令A、B两区政府协商确定土地权属。①

不可忽略的问题是,协商程序在科层体制下将发生协商主体的非独立性问题,不可避免地存在上级或者主管部门的科层协调行为。马克斯·韦伯以组织社会学原理对科层制进行了分析,认为行政科层的权力依职能和职位进行分工和分层,是一种组织机构,也是管理方式。当政府间利益无法协调时,需由共同上级进行调处,须遵循“下级服从上级”。“科层”体制代表了公权力的特征。有学者认为,公权力是等级分明和纵向贯通的。除基层单位外,在公权力结构内的每一个单元都连着它的上级和下级。公权力的权威建立在上级和下级关系中,是顺从权威的关系。② 在中国,地方政府具有科层性体制下的自身特征,即“独特的压力型体制、府际事权划分上的特点、独特的干部人事制度,高层次发展指标的层层加码”,③地方政府的协商意愿更多地受到上级意志的制约。在事实上,协商中的上级意愿和协商不成时的最终裁决最终使协商沦为内化的行政管理行为。在地方政府土地权属争议的处理中,上级人民政府对下级政府争议处理的呈报意见和处理方案,对下级地方政府争议的处理具有引导作用。同时,科层关系也体现在争议处理的组织机构整合,即通过采取改变行政

---

① 参见(2010)瓦行初字第12号、(2011)大行终字第96号、(2014)辽行监字第420号、(2015)大审行终再字第4号判决书。

② 参见方流芳:《从法律视角看中国事业单位改革——事业单位“法人化”批判》,载《比较法研究》2007年第3期。

③ 周志忍:《西方发达国家是否也存在“层层加码”》,载《人民论坛》2016年第21期。

区划、设立派出机构等调整内设机构的内部化方式，处理政府间的权属争议。

2. 行政协议成为地方政府间土地权属确权的法律形式

在米家园则案中，榆林市人民政府在原界线协议书的基础上作出处理决定；在文兴案中，大连市人民政府、金州区人民政府和瓦房店市人民政府共同签署《界线协议书》；在平原实业公司案中，A 区政府、北郊乡、平原实业公司三方形成会议纪要。协议书、会议纪要是实践中行政协议的体现形式。行政协议对比上级协调的优势在于，行政协议具有双面性，它既是行政管理的方式，又具有私法调整的当事人合意性，增加了争议的地方政府在行政体系中的话语权，改变了以往行政区域争议由上级机关全权决定的被动局面，可以吸收争议双方的合理诉求，降低执行成本。

3. 协议作为物权确认依据无须公示程序

按照《处理条例》，地方政府之间的边界调整协议自国务院批准时生效，没有适用《物权法》作为土地权属变动的权属变动登记、向第三人公开的规则体系。例如，依据 2011 年 10 月《国务院关于辽宁省和河北省间海域行政区域界线的批复》（国函〔2011〕126 号），在处理辽宁省与河北省海域边界争议中，辽宁省和河北省间之间协议达成后，[①]仅在海洋渔业局网站上转发了国务院有关的批复，而没有按照《不动产登记暂行条例》进行登记。由于主管部门网

① 国务院的批复如下：辽宁省、河北省人民政府，国土资源部、海洋局：《国土资源部关于报请批准辽宁省和河北省间海域行政区域界线的请示》（国土资发〔2011〕126 号）收悉。现批复如下：一、同意辽宁省和河北省间的海域行政区域界线。二、辽宁省和河北省人民政府要按照《行政区域界线管理条例》和海洋管理法律法规的规定，落实管理责任，依法加强海域行政区域界线管理，健全维护涉界海域社会稳定的协调机制，及时妥善处理涉海界线纠纷，合理开发利用海洋资源，保护和改善海洋生态环境，共同促进界线附近海域社会稳定和海洋经济可持续发展。三、国家海洋局要加强对两省人民政府海域行政界线管理工作的指导和协调，做好相关督促检查工作。

站公示海域边界并非法定的物权公示程序,利害关系人难以按照物权公示的途径和不动产登记的有关查询规定获知海域界线变动的信息。由此产生的后果是:一方面,即使将地方政府间的协议定性为行政协议,基于保护利害关系人的信赖利益原则,行政批准的内部程序无法赋予行政协议公开的效力,在边界变动的程序上欠缺正当性。另一方面,基于物权法定原则,从物权法非依法律行为变动物权的规定考察,这种行政审批产生的权属变动并非属于法定的物权原始取得事由,行政审批作为确权法源依据并不充分。

(三)内部化土地争议的制度优势

1. 维护土地公有制下土地所有权与管理权的统一

我国《宪法》第10条规定,"城市的土地属于国家所有。农村和城市郊区的土地,除由法律规定属于国家所有的以外,属于集体所有;宅基地和自留地、自留山,也属于集体所有"。《民法典》第246条规定:"法律规定属于国家所有的财产,属于国家所有即全民所有。国有财产由国务院代表国家行使所有权;法律另有规定的,依照其规定。"地方政府间的土地权属争议具有土地管理权的争议和财产权争议的双重后果,为维护全民享有所有权的统一性,由代表全民的国务院对城市土地权属争议行使确认权和裁决权,有利于国有土地和自然资源管理的一体化。

2. 有利于克服地方的保护主义

内部行政程序处理土地争议能够实现保障"中央集中统一领导"、克服地方保护主义的目标。我国以土地为代表的自然资源所有权分属国家和集体。而内部行政程序的处理方式能够保证国家对资源的绝对控制,上级机关可对争议资源在区域间进行分配,以实现资源的宏观调控,促进资源合理配置,提高资源利用效率。

3. 有利于保持地方治理权与国家管理权的一致性

在国家结构上，我国是单一制国家。单一制国家由普通的行政地方组成，由若干不享有独立主权的一般行政区域单位组成统一主权国家。国家为了进行分级管理而实行区域划分。中央与地方的关系是整体与部分的关系，地方政府的权力由中央政府授予，地方受政府的统一领导。为了实现有效的治理，国家依据一定的原则和标准将全国国土划分为若干层次的区域单位，设置相应的一级地方政府并划定其治理的地域空间范围，地方政府间权力划分、职能配置和机构设置依此展开。我国《宪法》规定，我国行政区划全国划分为省、自治区、直辖市；省、自治区划分为自治州、县、自治县、市；县、自治县、市划分为乡、民族乡、镇。我国《宪法》还规定，国家在必要时设立特别行政区。地方政府依据土地为载体为行政权边界，土地边界是地方公共事务管理和公共服务供给方的空间范围，通过地方土地资源的利用和管理，各级地方政府以地方治理完成国家的统一治理。现行土地权属争议的行政内部程序采用行政裁决和行政协商的方式，符合在宏观意义上地方土地资源与管理权整体利益一致性的原则。

4. 土地边界的行政决定具有直接的证据效力

按照《处理条例》规定，国务院决定的地方政府土地边界具有最高的法律效力，形成排他性确权的直接证据。地方政府划定的区域边界也具有一定的证据效力。在其他自然资源划界程序中，国务院划界决定是各地方政府的定界依据。例如，按照2002年4月实施的《海域勘界管理办法》（国海发〔2002〕13号）规定，只有国务院授权的国家海洋渔业局决定的海上勘界才是对相邻、相向沿海省之间海洋行政区域的有效划分。海域行政区域界线是国家和地方实施有效行政管理和行使其权力必不可少的依据,其效力优于其他“管辖线”等。因此,海域行政区域界线的实质是中央政府对沿海省的毗邻海域管理范围的最权威和具有最高法律效力的界定,其他各线是由行业部门或地方政府划定的,其法律效力和法律地位自然无法与前者相比。① 国务院的行政划界决定,运用最高行政权解决地方政府间的边界纠纷,具有行政一体化的制度优势。

5. 降低了地方土地权属争议的社会风险

上级人民政府的处理方式亦是行政终裁,下级对上级的绝对服从促使地方政府放弃区域利益,协商处理其争议。争议的地方政府也能够对相关利害关系人就资源权益的损失作出补偿安排,防止个体的财产权益纠纷升级为涉众或群体性,甚至区域性公共安全事件。因此,通过内部程序和行政命令及时化解区域矛盾,能够防止土地权属纠纷演化为区域之间的社会风险。

(四)行政程序处理地方政府土地权属争议的制度局限

1. 协商程序的不完备

尽管《处理条例》对地方政府之间的土地边界争议规定了协商机制,然而协商的具体流程缺乏细节规定,具体的程序和可操作性问题均欠缺具体的规定。协商的启动机制、参与主体、协商的步骤、协商相关的背景性资料提供、各自分配方案的论证沟通机制、重点问题的搁置等,在协商争议处理的实践中都属于协调工作的重要环节。由于《处理条例》缺乏关于协商程序操作的

---

① 参见张龙军、高威、石欣:《海域行政区域界线相关法律问题研究》,载《海洋环境科学》2008 年第 2 期。

规定,各地方政府的协商行为只能是零和博弈,不利于程序过程中信息的释放、利益的沟通和矛盾的化解,当事各方只有选择将符合自身利益最大化的方案。同时,在程序主体方面,地方政府利益的协调主体范围上,以单一的行政主体作为协商的当事人,欠缺地方代表、利害关系人抑或地方人民代表大会等利害关系主体的程序参与。

2. 地方政府之间的协调博弈

地方政府之间的合作是常态,但实践中,地方政府之间各自为政、过度竞争的现象也普遍存在。按照制度经济学的基本原理,协调博弈是指当参与人选择相同的策略时存在纯策略纳什均衡的一种博弈,它建立在行为主体之间相互作用,也即策略互补的基础之上。① 协调是政府间和科层调处中处理问题的惯用方式。地方政府是本地区行政管理、经济发展等整体利益的代表,各种利益的交错与权衡影响着地方政府的决策。当地方政府间发生土地权属争议时,政府之间通过谈判最终可能各得其所,抑或一方让利。但一方的退让并不代表地方政府的利益受损,地方政府利益的多元化使其可将资源利益作为筹码获取经济、政策等其他方面的收益,从某种程度上亦是变相合作。当地方政府间无法协调一致时,由上级机关调处解决。

行政解决途径中的协调手段存在一些弊端:第一,无论是上级政府与下级政府间进行谈判或者同级政府间谈判,无疑导致谈判成本的浪费;第二,谈判具有示范效应,一旦政府在与某政府的谈判中承诺优惠政策,则其他地方政府在类似情况必然提高自己要价,其结果是水涨船高,造成上级政

① 参见谢思全、张熇铭、李泰宏:《区域经济发展中地方政府及其策略互动——一个协调博弈的分析框架》,载《南开经济研究》2008年第5期。

府的过度放权;第三,由于权利义务划分并非依靠一个具有稳定性的制度框架进行,而是通过谈判确定,造成政策的不稳定性。事实上,地方政府之间资源权属纠纷中显露的问题仅是冰山一角,地方政府之间的理性发展也是需要关注的问题。无论是自然资源权属争议抑或是府际间关系均需纳入法律框架之中,通过立法程序科学地进行权利和权力配置,避免随意性和不稳定性。

3. 上级政府行政裁决程序的非透明性

相比诉讼机制,行政程序具有非透明性。首先,就社会公众角度而言,对于地方政府处理土地权属争议流程及结果,公众难以知晓,且无法对此申请信息公开。虽然我国《宪法》第2条、①第27条第2款、②第41条第1款③规定了人民有管理国家事务、管理经济文化事业等权利,国家机关及工作人员接受人民群众监督,这些规定为公众参与国家公共事务管理的实现和保障提供了纲领性的制度保障,但对于土地争议裁决和地方达成的行政协议等行政性文件,社会公众仍难以参与其中的协商程序,无法获知相关过程信息。其次,政府之间协商的依据如何,是否有利于双方区域利益,是否影响第三人合法权益,行政处理方式使这些问题均在"内部"的庇佑下,是否滋生腐败更不得而知。再次,利害关系人利益难以保障。由于《处理条例》没有规定利害关系

① 《宪法》第2条规定:"中华人民共和国的一切权力属于人民。人民行使国家权力的机关是全国人民代表大会和地方各级人民代表大会。人民依照法律规定,通过各种途径和形式,管理国家事务,管理经济和文化事业,管理社会事务。"

② 《宪法》第27条第2款规定:"一切国家机关和国家工作人员必须依靠人民的支持,经常保持同人民的密切联系,倾听人民的意见和建议,接受人民的监督,努力为人民服务。"

③ 《宪法》第41条第1款:"中华人民共和国公民对于任何国家机关和国家工作人员,有提出批评和建议的权利;对于任何国家机关和国家工作人员的违法失职行为,有向有关国家机关提出申诉、控告或者检举的权利,但是不得捏造或者歪曲事实进行诬告陷害。"

人参与、听证制度，往往在发生地方政府的土地权属争议时，土地利用的权利人等利害关系人并不知情。例如，在“文某案”中，由于原告文某对瓦房店人民政府与金州区人民政府之间海域划界争议和双方协议的不知情，利害关系人文某对金州区人民政府进行了行政诉讼，案件结果是法院以金州区人民政府没有土地管辖权为由驳回文某的诉请。最后，社会公众或者人大机构对于行政机关作出协议或行政裁决，难以监督。我国《行政复议法》第2条规定：“公民、法人或者其他组织认为具体行政行为侵犯其合法权益，向行政机关提出行政复议申请，行政机关受理行政复议申请、作出行政复议决定，适用本法。”《行政诉讼法》第2条第1款规定：“公民、法人或者其他组织认为行政机关和行政机关工作人员的行政行为侵犯其合法权益，有权依照本法向人民法院提起诉讼。”上述法律赋予公民对行政机关违法行为进行复议和诉讼的权利，但复议和诉讼的客体仅限于行政机关的具体行政行为，对于地方政府之间形成的行政协议或会议纪要以及科层行政裁决针对特定区域作出，不具有相对人的特定性，依法利害关系人无权主张撤销。

4. 行政裁决的合理性值得质疑

行政裁决中的自由裁量最早在司法裁判的语境下提出。柏拉图在其《理想国》一书中指出，“在裁决公义的时候，国家的法官应当拥有很大的自由裁量权”。① 在行政行为语境下，只要公职人员权力的实际界限允许其在可能的作为或不作为方案中自由做出选择，那么他所拥有的就是行政自由裁量权。②

---

① 张军：《法官的自由裁量权与司法正义》，载《法律科学（西北政法大学学报）》2015年第4期。

② 参见［美］肯尼斯·卡尔普·戴维斯：《裁量正义》，毕洪海译，商务印书馆2009年版，第2页。

行政自由裁量是指行政主体可以根据自己对行政过程中的事实判断和法律判决作出决定,这个决定的原动力是其主观认知和存在于内心深处的自由意志。行政自由裁量的空间应当是法定的,裁量空间本身应具有自身的合理边缘。行政行为具有自由裁量的属性,可能会导致相关行为脱离法律的束缚,进而产生恣意的专断和结果的非确定性,因此立法必须提供羁束性标准,以控制行政权的恣意。《处理条例》对于上级机关处理地方政府间土地权属争议的标准只作了原则性规定。第3条规定,“处理因行政区域界线不明确而发生的边界争议,应当按照有利于各族人民的团结,有利于国家的统一管理,有利于保护、开发和利用自然资源的原则,由争议双方人民政府从实际情况出发,兼顾当地双方群众的生产和生活,实事求是,互谅互让地协商解决”。《处理条例》规定了尊重历史边界的原则。实际操作中,上级机关在衡量双方协议的合理性时一般考虑以下因素:第一,地方政府的政绩。地方政府的政绩水平一般会受到地方经济发展、本地民众拥戴,以及中央政府对其政绩评价等因素的影响。作为上级行政机关,裁决意味着地方资源的重新划分,下级政府的政绩是其不可回避的因素。第二,各地区的资源禀赋。地区现有的资源状况及政府的管理情况对上级机关的决策有一定影响。第三,历史因素。自然资源在历史中的权属情况决定着上级机关作出决策后该地区的稳定。第四,政策环境的变动。中央政府是否出台对某地区的政策,该政策可能直接影响资源权属的分配。因立法对上述因素并无权重和优先顺序的指引,没有形成约束行政行为的细化标准和裁决的技术路线,加上行政程序的非透明性给予了裁量机关滥用权力之机。

5. 行政协议具有双面性产生的违约风险

政府之间的协议既具有属于行政管理方式的“行政性”，又具有民法中协商一致的“合同性”，是附带部分公权性因素的合同。按照行政协议的一般原理，行政协议的目的是实现公共利益，保障公共利益的实现，避免公共利益损失。因此，行政主体在行政协议中并不一概遵守有约必守原则，而是享有优益权，即行政主体单方面享有无须征得相对人的同意而享有的行政特权。但是，地方政府的土地权属协议显然需要严格遵守，以作为划定资源权利边界的依据，防止再行争议。如果，按照行政协议双方政府均享有优益权，可以自由行使主导权、否决权、制裁权、单方变更和解除权等特殊规则，土地确权的行政协议在履行时具有很大的自主性、不确定性，与确权的初衷相背离。

6. 纠纷解决欠缺外部的救济机制

为保障当事人的程序救济权，正常的法律程序内通常会设立上诉或申诉制度。由于裁判行为难免出现瑕疵，一般以实体与程序为基准，将裁判瑕疵划分为事实认定瑕疵、法律适用瑕疵和程序性瑕疵。① 最理想的状态莫过于通过法律程序一次性解决问题。而一旦出现上述瑕疵，均有可能对裁判结果的公正性造成影响，法律应当赋予当事人予以救济的途径。现行《处理条例》直接规定行政区划裁决结果为终局结果，未规定任何外部的救济程序。实践中，中央政府与地方政府之间因行政区划产生的争议基本是以下级服从上级为原则。这种做法不利于地方政府及其辖区内利害关系人合法权益的

① 陈桂明：《再审事由应当如何确定——兼评2007年民事诉讼法修改之得失》，载《法学家》2007年第6期。

保障。

五、地方政府间土地权属争议规则问题的成因分析

(一)国家所有权统一性和唯一性理论导致地方政府土地争议内部性

全民所有制的经济制度决定了我国国家所有权主体的统一性和唯一性。从经济层面理解,所有权本身也是一种经济制度。根据马克思主义的所有权原理,所有权作为一种法律形式,其本质在于表现和保护特定历史时期的所有制关系。所有权制度尽管是由法律规定的,本质上也是对该社会个人和集团对生产资料和劳动产品的占有关系的反映。一定社会的所有权性质正是由这个社会占统治地位的所有制性质所决定的。我国实行社会主义公有制的经济体制,亦称全民所有制和劳动群众集体所有制,即生产资料由社会全体成员共同占有,属于全体人民或劳动者集体所有。公有制经济体制决定了国家所有权主体的唯一性。一方面,全体国民是一个抽象或集合的概念,其构成的广泛性、不确定性决定了不可能由全体国民按照人数共有,而必须由国家代表全体的利益行使所有权。另一方面,生产资料主体虽为全民,却并不意味着所有权是法律上的个体权利,每一个社会成员并不是生产资料所有者,成员中的任何人都不能转让生产资料,同样也不能退出生产资料所有权。社会成员只有同其他一切社会成员相结合、共同构成整体时才能行使权利,发挥作用,这也要求代表其整体的主体在法律形式上是唯一的,并且能够体现全民意志。显然只有国家最能代表全体国民,是全民所有财产的所有权主体,为全民的利益行使所有权。

国家所有权主体的统一性和唯一性是国家财产所有权的最基本特征,无

论从改革开放初期的民法学教材至当前民法学书籍、论文,这一概念在我国法学界数十年来一直使用,成为中国法学教义学的基本内容。但该理论存在着如下局限:第一,国家是抽象、整体性的概念,其对自然资源国家所有权无法亲力为之。《民法典》规定了国务院代表国家行使所有权。但由于我国幅员辽阔、土地资源丰富,国务院不可能事必躬亲,而是通过行政层级将权限下放到地方政府行使,借助地方管理权实现。地方政府在具体行使时并不完全遵照执行国家意志,甚至经常出现国家与地方争权现象,发生国家所有权内部利益冲突。例如,陕北油田案揭示了中央政府支持的中石油集团公司与地方政府支持的油田延长集团间的石油开发权的资源争夺问题。① 第二,国家所有权的统一性决定了国家同时具有经济人和政治人的双重身份,国家同时行使资源的财产权和行政管理权,既要追求自然资源有效利用、实现利益的最大化以增加财政收益,又要超脱市场,兼顾各方利益,达到保护资源的目的。此两种身份冲突时,政府难免以行政权力介入资产运营,以公权力干涉资源市场运行,妨碍自然资源权利配置和公平竞争。另外,政府的多头管理易使各方管理者发生权力寻租,造成政出多门和土地收益权主体多元化,不利于土地资源的有序利用。

(二)地方政府土地权利的公权力定位导致行政处理程序的适用

在计划经济体制下,国家所有权并不是一个法律概念。"五四宪法"第6条、"七五宪法"第6条、"七八宪法"第6条均规定矿藏、水流、国有的森林、荒地和其他海陆资源都属于国家所有,即全民所有。1982年《宪法》第

① 参见杨鹏:《经济问题政治化的危险——陕北石油案新动态分析》,载《中国改革》2005年第7期。

10条第一次宣布城市的土地属于国家所有。由此确立了城市和农村土地社会主义公有制,城市土地实行全民所有制,形成了以土地为载体自然资源国家所有权制度。我国学界对于“全民所有”的理解各执一词,并衍生出对国家所有权性质的理论争鸣,主要有公权力说、私权利说、公私兼具说三种观点。其中,主张国家所有权公权属性的学者主要依据以下3个方面:第一,从立法论来说,《宪法》已确认自然资源的国家与全民所有双重所有形态。我国全民共有性质决定了全民所有是基础,国家所有是形式,正是这些自然资源本质上属于全民所有,因而才被宪法设定为国家所有。自然资源全民所有决定了对全民资源的任何管理活动都是公权力活动,自然资源国家所有权本质上为国家的公权力。① 第二,从解释论来说,国家所有权是一种抽象的公共信托所有权,且国有化的目的在于保护国有财产得到合理利用、为公民基本权利的实现提供物质基础、消灭剥削和维护社会公平,因而这种国家所有权不产生禁止私人利用的法律效果,具有强烈的公权属性,并内在地决定了只能经由立法权和行政权的行使才能实现国家所有权的目的。② 第三,与私权相较而言,自然资源国家所有权在主体、客体、内容、行使、救济与责任等方面都与物权存在本质差异,其并非处理平等主体间财产关系、以确立特定主体对特定物的“直接支配”为内容的民法物权,而是划分国家与个人界限,为“全民”意义上的抽象国家以立法和行政手段“间接干预”资源利用提供合法依据的宪法公权。③ 孙宪忠提出,自然资源国家所有权不是一种民

① 参见王克稳:《论自然资源国家所有权权能》,载《苏州大学学报(哲学社会科学版)》2018年第1期。

② 参见肖泽晟:《论国家所有权与行政权的关系》,载《中国法学》2016年第6期。

③ 参见巩固:《自然资源国家所有权公权说》,载《法学研究》2013年第4期。

事权利，而是由主权派生的一种公权力，它只有弘扬主权支配的领土范围内的资源控制作用，而没有揭示出民法上具体主体支配具体物而形成的法律关系的作用。①

我国的自然资源国家所有权定位于公权属性，但这种公权性并非立法明确规定，而是基于以下原因：其一，公权力的边界模糊。政府权力边界划分并非简单的数学问题，而是经验问题；非纯粹理性问题，而是介于经验和理性之间的客观存在。因绝对的权力边界无法划定，权力的边界总有模糊性。自然资源国家所有权本身属性模糊，民事立法规则亦未对其进行详细规定，权利与权力之间的不明朗，易发生公权力越界行为，资源所有权被强行纳入公权力范畴。其二，现行的国家所有权运行机制决定了国家所有权的公权属性。当前，自然资源国家所有权实际由地方政府具体行使，地方政府通过规划审批权和行政立法权，以行政许可方式或出让方式对自然资源进行配置，已在实践中演变成行政管理权。行政权与国家所有权合一，带来的制度设计是以行政管理权处理内部的争议，对争议结果进行行政干预。

（三）地方政府土地利益的立法定位模糊

实践中，地方政府以其属地优势实际行使着国家所有权，是事实上的土地所有权人，形成了名义上国家所有与地方现实所有的双重所有权结构。但立法并未赋予地方政府行使土地所有权的权利主体资格。

---

① 参见孙宪忠：《国家所有权的行使与保护研究》，中国社会科学出版社 2015 年版，第 390 页。

1. 现行立法仅赋予地方政府管理、监督等行政权力，并没有明确地方政府国家土地权利行使者的主体地位

追溯相关立法，1986 年颁布的《土地管理法》规定了地方政府拥有土地利用总体规划和划拨土地的审批权限，基于公共利益的土地收回权及出让土地的收益权。1990 年《城镇国有土地使用权出让和转让暂行条例》（已失效）和 1995 年《城市房地产管理法》细化了地方政府出让土地使用权和划拨土地使用权的具体规则。2018 年修订的《土地储备管理办法》明确了市、县人民政府国土资源管理部门行政土地储备的管理职权，县级（含）以上人民政府有权批准成立土地储备机构，对土地进行收储。相比地方政府的诸多土地管理权，地方政府行使土地财产权利在《民法典》总则部分及物权编民事立法中并没有列入民事权利体系，《民法典》总则部分中规定了地方政府的特殊法人地位，但没有明确地方政府行使土地权利时的主体地位。

2. 基本法未授权地方政府代为行使国有土地财产权

现行立法确立了国家是自然资源国家所有权的唯一主体，国务院代为行使，地方政府的行使行为既无法律授权亦无行政授权。这一代为行使行为被诸多学者所诟病。朴勤教授主张，全国人民代表大会通过的法律既然明确规定了中央政府即国务院代表国家行使所有权，也就排除了其他地方政府的国家所有权行使资格。值得明确的是，国家所有权不同于“政府所有权”——我国法律还没规定公法人制度，尚不能将国家所有权直接转化为政府法人所有权。① 屈茂辉教授认为，国务院以外的机构代表国家行使所有权，尤其是地方

① 参见朴勤：《公共信托、国家所有权与自然资源保护：美国经验与中国发展》，载《科学社会主义》2013 年第 6 期。

政府代表国家行使土地、矿产资源所有权，应有法律明文授权。[1] 杜群、康京涛教授认为，法律并没有赋予地方政府行使自然资源国家所有权。对私权利来说，"法无禁止即可为"，对公权力来说，"法无授权即禁止"。由于自然资源国家所有权的基本权利地位，按照《立法法》法律保留原则，在基本法权利行使规定欠缺的情况下，国务院授权地方政府行使自然资源国家所有权的规定，不构成"行政授权"。[2] 由于地方政府行使土地财产权权源的立法模糊，实践中，地方政府虽有区域管理的优势，但不是区域土地的所有权主体。

（四）行政程序处理土地争议的制度习惯

当前处理地方政府间土地权属争议案件的法律依据主要是国务院 1989 年公布的《处理条例》及 2019 年实施的《行政区划管理条例》两部行政法规，其确立的"内部协商 + 科层决定"的争议解决途径实质为内部行政程序。而行政程序具有多变性、自主性，政府的一纸行政命令即可使自然资源发生权属改变，缺乏合法性根据，延续了传统行政体制下地方区域作为单一行政主体的习惯思维，忽略了地方政府自然资源的权益物权属性和独立发展利益的需求。

从现有的土地权属争议确权制度上看，对于土地关系的调整逻辑侧重于行政管制，总体上土地确权行为被定位于内部行政行为性质。从土地确权的法律到单行法规、规章，从名称到形式无不体现强烈的行政管理色彩，冲淡甚至淹没了确权的民事行为属性。这从以《土地管理法》为龙头、以《确认土地

---

① 参见屈茂辉、刘敏：《国家所有权行使的理论逻辑》，载《北方法学》2011 年第 1 期。

② 杜群、康京涛：《自然资源国家所有权行使主体改革的设想——设立自然资源"国资委"的初步思考》，载《江西社会科学》2016 年第 6 期。

所有权和使用权的若干规定》(1995 年 3 月 11 日颁发)、《土地权属争议调查处理办法》(2003 年 1 月 3 日颁发)、《土地登记规则》(已被《土地登记办法》所取代)等确认土地权属的行政管理规则框架中可见一斑。由于我国的土地所有权通过行政手段配置,土地使用权市场建立后,土地使用权主要是通过行政手段取得的,这就决定了我国的土地法在性质上只能是行政管理法,而非物权法;由于城市土地的非私有财产性质决定了国家对土地严格的行政监管,包括土地确权规则在内的土地法也基本上是行政管理法的范畴。

六、改革地方政府间土地权属争议解决程序的必要性

(一)自然资源产权管理体制改革的要求

2013 年年底,党的十八届三中全会提出对自然资源生态空间进行统一确权登记,以加快推进生态文明建设工作。2015 年中共中央《生态文明体制改革总体方案》要求建立统一的确权登记系统,坚持资源公有、物权法定、清晰界定全部国土空间各类自然资源资产的产权主体,并明确指出对水流、森林、山岭、草原、荒地、滩涂等自然资源生态空间统一进行确权登记,逐步划清全民所有和集体所有之间的界限,划清全民所有、不同层级政府行使所有权的边界、划清不同集体所有者的边界,推进确权登记法治化。不同层级政府行使所有权的边界,实质上就是地方政府以土地为基础的自然资源边界,确定其边界就是通过不动产登记功能以界定产权归属和完成权利状况公示。2016 年 4 月,原国土资源部公布“十三五”规划纲要,提出制定自然资源统一确权登记办法,建立统一的确权登记系统,清晰界定全部国土空间各类自然资源资产的产权主体。2016 年 12 月 20 日,国土资源部、环境保护部、水利部

等七部门联合印发了《自然资源统一确权登记办法(试行)》,增加了对探明储量的矿产资源进行确权登记,并要求界定全部国土空间各类自然资源资产的所有权主体。另外,该办法对自然资源登记簿,自然登记一般程序,国家公园、自然保护区、湿地、水流等自然资源登记及登记信息管理与应用进行专章规定,细化了自然资源统一确权登记工作,为确权登记工作的开展提供切实可行的法律依据。2019 年 7 月,自然资源部、财政部、生态环境部、水利部、国家林业和草原局联合印发《自然资源统一确权登记暂行办法》,自然资源统一登记的范围包括自然资源所有权主体、所有权代表行使主体、所有权代理行使主体、行使方式及权利内容等权属状况等,并关联国土空间规划明确的用途、划定的生态保护红线等管制要求及其他特殊保护规定等信息。登记事项包括全民所有自然资源所有权代表行使主体登记为国务院自然资源主管部门,所有权行使方式分为直接行使和代理行使。中央委托相关部门、地方政府代理行使所有权的,所有权代理行使主体登记为相关部门、地方人民政府。

自然资源的统一确权的任务是划清全民所有的不同层级政府行使所有权的边界、不同集体所有者的边界以及不同类型自然资源的边界,构造建立归属清晰、权责明确、监管有效的自然资源资产产权制度,服务于自然资源的保护和监管,共同保护自然资源确权登记。① 在不动产确权登记中,地方政府享有的城市土地经营权亦在登记范围之中。地方政府对城市土地的权利并非因事实占有而以法律的授权取得。作为一项不动产用益物权,其与建设用地使用权、房屋所有权等用益物权相同,应将权利内容记载于土地登记簿中

① 参见陶倩:《体制改革下自然资源统一确权登记的思考》,载《中国房地产》2018 年第 36 期。

并进行公示,有利于明晰地方政府土地权利范围、明晰监管权力边界、规制地方政府滥用土地行为具有积极作用,消除历史和政策原因形成的地方政府间的边界争议。司法机关能够据此判断地方政府之间的土地界线,有助于促进土地权属争议的公平裁判。

自然资源的统一确权登记与地方政府之间土地确权两者之间可以相互促进。由于自然资源登记要求明晰不同性质自然资源所有者的产权界线和国有自然资源所有权的监管边界。在自然资源统一确权登记中,自然资源部颁布了具体的工作方案,地方政府间模糊的土地边界,可借助统一登记的契机加以确定化。完善地方政府间土地边界的确权规则也可融合于自然资源登记制度,形成归属清晰、权责明确、监管有效的自然资源资产产权秩序。

(二)实现地方治理的法治化

1. 地方政府事权与财权相匹配

当前,随着经济体制改革的不断深化,公共事务的管理权力不断下移地方,形成地方自治权扩张,地方事权与财权匹配的呼声。从现行制度上看,地方政府具有事权与财权合一的特征,地方政府能够充分发挥双重属性和双重职能。地方政府既基于自身的利益致力于促进和发展本地区社会、经济和环境利益,又代表公共利益通过经济政策、经济杠杆、经济立法和行政手段,承担保障本地区的社会总需求和总供给的基本平衡,创造良好市场竞争环境的责任。① 地方的资源利益是地方发展的物质条件。地方事权行使需要依法维护其资源利益,实现地方治理的可持续。

---

① 参见刘瑞超、刘鹏程、路兰:《产权视角下的中国区域制度研究》,载《经济体制改革》2017年第6期。

承认地方利益的法律形式是保护地方的区域发展权。根据区域发展权理论,区域发展权是一种特殊的产权。产权是新制度经济学分析的逻辑起点,指以财产的所有权为核心,包括财产的所有权、使用权、占有权、收益权和处置权等一系列权利在内的排他性的权利集合。区域产权是产权的空间表现形式,指附着在特定地域内的权利束。当前,我国的区域产权呈现以下特点:

第一,我国的区域产权沿着行政层级逐级分配。具体而言,我国资源为公有且绝大部分公共产权资源的"产权科层"与"行政科层"相对应,行政职能管理与属地管理相结合的"条块"经济管理模式,使用权以及由使用权带来的获益、转让等属于地方,最终构建了由中央政府与地方政府组成的区域体系。

第二,法律产权与事实产权表现不相一致。在法律产权方面,立法规定了全体成员共同享有自然资源并由国务院代表行使,自然资源所有权由顶层把控,其运行模式和规划均由顶层设计调控,形成"自上而下"的自然资源行政管理体系。而事实上,无论是追溯历史还是立足当前,自然资源产权管理均嵌入行政科层,产权沿着行政层级逐级分配,各级地方政府享有资源实际配置权、剩余收益控制权等权利,成为区域自然资源产权的实际管理者。地方政府基于自身的利益导向和价值取向使事实的区域产权更多表现为"自下而上"的行政驱动力量。

在区域产权中,地方政府的财产性利益不容忽视。

其一,地方政府拥有更多的资源利用自主权。区域的资源利用自主权决定了其能够利用各项措施依法行政,发展经济。从历史上看,区域一直享有物资控制与人事管理权,自给自足、各自为政强化了区域的认同感。中华人民共和国成立后,中央、地方的行政管理模式构建起政府间纵横交错的关系,为区域制度形成奠定了基础。20 世纪 80 年代的行政分权改革和 1994 年财政分权的分税制改革为地方主导人事、蓄积财力创造条件。之后,经济核心地发展和政府以经济建设为指导方针推动了地方政府控制、支配资源权限不断增强,成为具有独立行为目标的经济主体。

其二,区域中只有地方政府拥有全面管辖区域性事务的能力。在利益争夺中区域政府必然会参与,所起的作用也往往大于其他组织。政府可以主动调动区域内各种力量,进行全方位整合,追求最好的综合效果。

其三,地方 GDP、财政收入绩效考核机制压力以及追求自身利益最大化均刺激地方政府通过自身努力从区域外部,包括其他区域和中央政府手中获取包括资金、人才、技术等各种有利于本区域的资源,实现区域利益最大化目标。①

在区域产权中,以管理空间为边界的土地权属成为核心问题,地方政府以其事实上的统帅、主导地位及自身的利益驱动已然成为控制、支配区域自然资源的最适宜主体,为发挥政府在区域土地资源中的绝对支配地位,促使资源有效利用,亟须明确主体的相对独立地位。

2. 促进地方性资源权益争议的公平解决

我国地方政府之间争议采取"协商 + 科层决定"的行政解决路径,具有成本低、效率高的优势。但行政化的利益分配方式具有随意性,是地方间博弈

① 参见刘瑞超、刘鹏程、路兰:《产权视角下的中国区域制度研究》,载《经济体制改革》2017 年第 6 期。

的结果，缺少必要的公众监督，难以实现公平。党的十八届四中全会提出要“健全社会矛盾争议预防化解机制，完善调解、仲裁、行政裁决、行政复议、诉讼等有机衔接、相互协调的多元化争议解决机制”，这为构建多元化、规范化的地方政府之间土地纠纷解决机制指明了方向。

第四章　地方政府间土地权属争议法律制度研究(下)

一、地方政府土地权利应纳入物权规则体系

现行地方政府土地权属争议的实体规则包括:协议确权规则、改变行政区划管理边界规则以及其他实体的处理规定。在特征上多体现为原则性和指引作用。同时,现行《处理条例》采用计划经济体制下行政配置资源的方式解决地方政府之间的土地权属争议,忽视了地方政府相对独立的发展利益和地方发展权兼具的私法属性。完善地方政府土地权属争议的确权规则首先应明确地方政府土地权利的法律属性。

(一)地方政府国有土地代表权的法律属性

根据《自然资源统一确权登记暂行办法》第10条规定:"全民所有自然资源所有权代表行使主体登记为国务院自然资源主管部门,所有权行使方式分为直

接行使和代理行使。中央委托相关部门、地方政府代理行使所有权的，所有权代理行使主体登记为相关部门、地方人民政府。”自然资源国家所有权的行使分为国家直接行使和授权地方代理行使两种形式。地方政府自然资源的主体地位为自然资源所有权的行使主体，保持了国家所有权统一性和分级行使的合一。

本书认为，国家所有权的直接行使实为代表行使。因为，按照民事权利行使的原理，民事权利的行使分为事实行为和法律行为两种途径。国家作为主权者和公共利益代表的特殊性，自然资源国家所有权的实现通常借助于法律行为的市场途径。因此，直接权利行使的法律行为过程应为常态。而代表行为是团体法上的组织体意志与外部第三人之间的表达关系。由于代表者与被代表者利益和意志的一致性，而被视为同一人格，代表者的法律行为后果由被代表人承受。本书认为，地方政府行使代表权的情况下，地方政府拥有的是中央政府授权之下的自然资源管理权和自然资源所有权的部分权能，中央政府拥有自然资源完整终极的所有权。地方政府代表权的范围依据相关法律授权，中央政府对地方政府的代表行为进行制约、限制、监督。

现行国有土地所有权的代表权制度具有如下特点：第一，立法采用与自然资源国家所有权的代表权整体规定的方式。第二，通过政策向立法转化的方式实现代表权的立法授权，并以生态重要性程度划分国家自然资源所有权行使主体的代理与代表。代表行使的情形限于生态功能较为重要的自然资源。按照2017年9月中共中央、国务院实施的《建立国家公园体制总体方案》第9条规定，“统筹考虑生态系统功能重要程度、生态系统效应外溢性、是否跨省级行政区和管理效率等因素，国家公园内全民所有自然资源资产所有权由中央政府和省级政府分级行使。其中,部分国家公园的全民所有自然资源资产所有权由中央政府直接行使,其他的委托省级政府代理行使。条件成熟时,逐步过渡到国家公园内全民所有自然资源资产所有权由中央政府直接行使”。第三,国家土地所有权的代表行使由国家直接成立的机构实施,其与国家自然资源代表者国务院存在纵向的委托代理关系。例如,2017 年 8 月成立的东北虎豹国家公园管理局由中央直接管理,是国家自然资源资产和国家公园管理机构。只不过,这种代表机构超出了地方行政层级的配置,其自然资源的产权行使的结果直接向国务院负责。因此,广义上,土地代表权仍属于分级行使的状态。

(二)地方政府国有土地代理权的法律属性

除了生态功能重要性较高的自然资源之外,其他土地和自然资源的国家所有权行使,由地方政府采用分级代理的模式。例如,土地、海域等自然资源,依据法律授权,根据委托代理关系由国务院授权地方政府行使自然资源的国家所有权。在本书第三章自然资源所有权主体定位部分,笔者认为,应将国务院和省级政府定位为根据立法授权作为代表国家行使国家所有权的主体,市县两级政府应被定位为执行代表行使主体意志的“辅助人”。在权利属性上,地方政府土地权利兼具财产权和监管权两方面的内涵。在财产权内容上,地方政府对管辖范围内的土地具有占有、使用分享收益的权能,享有相对所有权人的法律地位,其所有权具有如下特点:

第一,地方政府的土地权利来源于法律授权,而非自然取得。《土地管理法》第 5 条规定:“国务院自然资源主管部门统一负责全国土地的管理和监督工作。县级以上地方人民政府自然资源主管部门的设置及其职责,由省、自治区、直辖市人民政府根据国务院有关规定确定。”第6条规定:“国务院授权的机构对省、自治区、直辖市人民政府以及国务院确定的城市人民政府土地利用和土地管理情况进行督察。”

第二,与一般民事代理中代理人的利益分配不同,地方政府在代理关系中不仅享有独立的财产利益,并且享有与委托人分配财产利用剩余的终极权利。主要表现为与中央政府分层的土地收益权。《土地管理法》第55条规定,“新增建设用地的土地有偿使用费,百分之三十上缴中央财政,百分之七十留给有关地方人民政府”。2006年国务院办公厅出台的《国有土地使用权出让收支管理办法》明确规定了国有土地使用权出让收入、土地租金收入全部缴入地方国库。在其他资源收益权方面,财政部、国家海洋局于2007年下发的《关于加强海域使用金征收管理的通知》规定,海域使用金30%入缴中央国库,70%缴入用海项目所在地的省级地方国库,地方分成的海域使用金在省级和市县级之间按比例分配。2016年财政部、国家税务总局发布《关于全面推进资源税改革的通知》,开始赋予地方适当的税政管理权,水资源税按照水资源费中央与地方1∶9的分成比例,纳入改革的矿产资源税收入全部为地方财政收入。收益权是所有权的根本性利益所在,从这个意义上,地方政府土地代理权在本质上属于特殊的所有权,只不过受到法律和委托主体行政权力的限制。

(三)地方政府土地权利的具体类型

1. 土地设定权

土地设定权是地方政府在依据土地利用规划,对具体地块土地使用权的出让进行审批以及根据公共利益需要划拨土地,在出让方面具体包括决定特定土地出让使用期限、出让金费用、土地用途、用地条件和责任以及取得土地使用权的方式和程序。有学者认为,省级政府决定出让土地使用权用地目的、期限等更为适合且为实现土地最大限度保障功能及平衡土地利益,设定权应当主要放在省级政府。[①] 本书认为,在土地相对所有权的定位下,地方政府作为民事主体具有相对独立民事主体地位,按照授权与管制的法治原则,省级政府并非因行政级别而影响市、县政府土地设定权。另外,土地设定权受到国务院代表行使的国有土地所有权的监督制约,国务院可以各类法定规划,统筹地方政府的土地利用,地方政府享有土地设定权,无须上一级行政机关行政指导和强制安排。如此,有利于保障享有该设定权由市、县地方政府,根据本地区土地市场宏观调控需求和土地利用计划,基于自身的信息优势,组织建设用地的市场供给,发挥土地资源的利用效率。

国有建设用地使用权出让制度始于1982年《宪法修正案》关于国有土地使用权可以出让的规定,在法律制度设计上体现为城市政府代表国家与土地使用权人通过“招拍挂”程序,形成土地使用权出让合同关系。随着《土地管理法》《城镇国有土地使用出让和转让暂行条例》《房地产管理法》的相继出台,对地方政府出让行为和设定建设用地使用权的程序进行了详细的规定。值得注意的是,根据自然资源市场改革的基本要求,地方政府的土地使用权出让方式应扩充使用权权能,除出让外对于建设用地使用权应增加出租、入股等形式以丰富使用权行使方式,盘活土地市场。

2. 土地使用权

土地使用权是城市土地经营核心的权利,指土地权利人对土地按照其用

---

① 参见刘俊、朱小平:《国有土地所有权权利行使制度研究》,载《江西社会科学》2012年第2期。

途和最佳开发方式实现其使用价值。由于地方政府市场监管职责，地方政府往往将土地利用权授权其他市场主体实施。例如，按照2018年修订的《土地储备管理条例》的规定，在土地一级开发的储备环节，地方政府往往设立独立的土地储备公司或者将土地的一级开发委托市场主体，在法律关系上分离土地使用权的权能。

3. 土地收益权

收益权，是指利用财产并获得一定经济利益的权利。收益权是所有权的重要权能，是人们因获取追加财产而产生的权利义务关系。收益权是所有权在经济上的实现形式。财产所有权的存在以实现经济利益和价值增值为目的，收益权是所有权经济功能的最终体现。地方政府土地收益权主要包括出让经营性建设用地使用权获得的收益及土地交易税金等所有权原始取得的收益。在范围上，土地出让金是指各级政府土地管理部门将土地使用权出让给土地使用者，按规定向受让人收取的土地出让的全部价款（指土地出让的交易总额），或土地使用期满，土地使用者需要续期而向土地管理部门缴纳的续期土地出让价款，或原通过行政划拨获得土地使用权的土地使用者，将土地使用权有偿转让、出租、抵押、作价入股和投资，按规定补交的土地出让价款。①

由于国有土地的全民所有性质，国有土地收益权实现不同于一般财产所

---

① 按照2012年财政部、国土资源部、中国人民银行发布的《国有土地使用权出让收支管理办法》（财综〔2006〕68号）第2条规定："本办法所称国有土地使用权出让收入（以下简称土地出让收入）是指政府以出让等方式配置国有土地使用权取得的全部土地价款。具体包括：以招标、拍卖、挂牌和协议方式出让国有土地使用权所取得的总成交价款（不含代收代缴的税费）；转让划拨国有土地使用权或依法利用原划拨土地进行经营性建设应当补缴的土地价款；处置抵押划拨国有土地使用权应当补缴的土地价款；转让房改房、经济适用住房按照规定应当补缴的土地价款；改变出让国有土地使用权土地用途、容积率等土地使用条件应当补缴的土地价款，以及其他和国有土地使用权出让或变更有关的收入等。"

有权。国有土地分为经营性建设用地和划拨性建设用地,前者追求经济利益最大化,后者以直接实现利用上的公共性为目的。但是,两种建设用地利用的收益都要直接或者间接地用于城市建设、公共服务设施等公共事业,不归属于任何地方政府行政机关专有,在性质上属于地方的公共性财产。地方政府应将土地收益用于公共设施建设和民生保障,从而实现服务于本地区社会公众的全民所有目标。例如,《国务院关于将部分土地出让金用于农业土地开发有关问题的通知》(国发〔2004〕8号)的规定,自2004年1月1日起,各市、县不低于土地出让平均纯收益的15%用于农业土地开发。2006年《国务院办公厅关于规范国有土地使用权出让收支管理的通知》(国办发〔2006〕100号)规定,土地出让收支应全额纳入地方基金预算,实行"收支两条线"管理。要求地方国库中应设立专账,专门核算土地出让金的收入和支出情况。要求建立预决算制度,并向政府、人大报告。

4. 土地发展权

土地发展权制度由英国率先创设。1947年英国《城乡规划法》采纳《阿斯瓦特报告》(Uthwatt Report)的建议,实行土地发展权"国有化",规定一切私有土地将来的发展权(土地变更使用类别之权)归国家所有,由国家独占。[①]从此,任何私有土地只能保持原有使用类别的占有、使用、收益与处分之权,变更使用类别之权归属国家所有。私有土地所有人或其他任何人如想变更土地的使用类别之权,在实行开发之前,必须先向政府购买发展权(土地发展权)。在国际上,土地发展权又称为土地开发权。

① 参见王楚云:《论土地发展权的物权属性》,载《广西社会科学》2019年第6期。

在我国，土地发展权是理论上的概念，一般指选择土地使用权最佳用途、决定土地利用强度的权利。在学界，发展权的范围有不同的争论，广义的土地发展权涉及土地利用和再开发的用途转变和利用强度的提高而获利的权利。在制度层面，城市国有土地的发展权包括：第一，地方政府按照《城乡规划法》授予的权力，依照法定程序制定土地利用各类规划的权力；第二，在土地出让协议中设定规划条件的权力；第三，决定土地利用集约度和开发强度的权力；第四，发放用途管制变更的许可的权力；第五，土地用途变更产生的增值利益进行再分配的权力，即收取土地增值税。具体表现为：其一，土地使用权流转的二级市场上，地方政府向获得流转收益的转让人收取增值税，以间接实现土地发展权。2011 年《土地增值税暂行条例》第 2 条规定了对转让国有土地使用权、地上的建筑物及其附着物并取得收入的单位和个人为土地增值税的纳税人，应依照本条例缴纳土地增值税。其二，农村土地地方政府为实现为公共利益征收农村土地，改变土地用途为建设用地时，政府享有的收取增值收益的权力。

5. 土地回归权

土地回归权即地方政府对出让使用期限届满的土地及完成公共利益的划拨土地予以收回的权力。土地使用权收回制度起源于划拨用地制度，是对划拨行为产生的多余用地，由划拨单位回收，重新进行土地整理或者出让。土地使用权收回制度是计划经济时代土地行政划拨的产物，是国家土地行政管理的一种手段与措施。① 该制度从设立开始起就打上了时代的烙印。国有

① 参见金俭：《国有土地使用权收回制度重构》，载《西南民族大学学报（人文社会科学版）》2013 年第 1 期。

土地使用权市场建立后,依据出让合同设定的土地使用权成为受法律保护的具有排他性的用益物权,土地收回权是对土地使用权的公益限制或者对土地使用行为的监管,也是地方政府代行国家土地终极处分权的具体表现。1990年国务院《城镇国有土地使用权出让和转让暂行条例》第39条规定:“土地使用权因土地使用权出让合同规定的使用年限届满、提前收回及土地灭失等原因而终止。”第47条规定,“无偿取得划拨土地使用权的土地使用者,因迁移、解散、撤销、破产或者其他原因而停止使用土地的,市、县人民政府应当无偿收回其划拨土地使用权,并可依照本条例的规定予以出让。对划拨土地使用权,市、县人民政府根据城市建设发展需要和城市规划的要求,可以无偿收回,并可依照本条例的规定予以出让”。《城市房地产管理法》第20规定,“在特殊情况下,根据社会公共利益的需要,可以依照法律程序提前收回,并根据土地使用者使用土地的实际年限和开发土地的实际情况给予相应的补偿”。第22条第2款规定,“土地使用权出让合同约定的使用年限届满,土地使用者未申请续期或者虽申请续期但依照前款规定未获批准的,土地使用权由国家无偿收回”。

根据现行法规定,依据土地使用权性质的差异可分为划拨与出让两种土地使用权的收回。划拨土地的收回主要有两种情况:一是因单位撤销、迁移、解散、破产等原因,停止使用原划拨的国有土地的;二是因公路、铁路、机场、矿场等经核准报废的。对于上述两种情况,市、县两级人民政府应当无偿收回划拨的土地使用权,并可依法出让。

出让的国有土地使用权的收回主要有3种情况:一是因公共利益需要或旧城改造;二是因出让地的使用期限届满未续期或续期未批准;三是因违反

出让合同约定或改变用途,或不按期开发而被收回。基于土地使用权收回的法律原因不同,只有出让土地使用权合同到期和受让方开发违约导致的收回属于民事性质,其他事由发生的收回均属于行政行为性质,在行为范围上是地方政府依据土地市场监管职权。只有民事性质的土地收回权才体现为土地所有权人的民事意愿,才是地方政府代行国家土地所有权的民事效果,因为土地使用权出让合同到期后,受让人丧失了土地使用的债权基础,土地用益物权因欠缺原因行为而失效,所有权人基于物权返还请求权有权要求恢复土地原状。在受让人违反土地使用权出让合同,违规开发的情况下,地方政府作为合同相对方,有权依据债权的相对性,基于合同法上的根本违约规则,通过收回土地使用权解除合同,恢复合同原状。

(四)地方政府土地权利纳入物权体系的路径

在地方土地权利定位于财产性的用益物权属性之后,地方政府之间土地权属的确权实体路径,就应以物权法的思维,引入不动产权利设立、变更和权利推定等规范体系。

第一,确立地方政府土地权利主体的物权法地位,应结合中央与地方关系改革的新政策,突破土地国家所有权唯一性和统一性不合时宜的理论桎梏。承认地方区域发展的相对独立的利益。依照法理,同一权利主体的财产利益应当是“统一”的。然而,实践证明,我国自然资源国家所有权,其事实上的权利行使主体并非唯一,地方与中央的利益也难以完全一致。所以,国家“唯一”所有权和“统一”应体现在《宪法》层面所有制的意义。在物权法上,应正视和确认地方之间的不同财产利益,以地方公法人的特殊法人地位确立其主体的权利。

第二,在保留确权协议债权基础的有效性同时,鉴于现行法土地物权规则内容简单,不符合规范构成的要件性规则,立法应增加地方政府的物权确权规则。

第三,应对地方政府土地权属争议的相关实体规则,从物权法的视角重新审视和构造,摒弃以行政手段调整权属的不合理规定,依据物权确权和权利人意思自治规则确认土地权属。

二、构建解决地方政府间土地权属争议的实体规则

(一)地方政府国有土地代表权应当纳入自然资源登记范围

1. 地方政府间土地权利应满足物权公示的要求

物权公示制度有两个方面的内容:一是物权公示的方法;二是物权的公示效力。关于法定公示方法,《民法典》第 208 条规定:"不动产物权的设立、变更、转让和消灭,应当依照法律规定登记。动产物权的设立和转让,应当依照法律规定交付。"关于物权公示效力的规定,《民法典》第 214 条和第 215 条作出了规定。在物权的原始取得制度中,《民法典》又规定了非依据法律行为取得物权的法定类型,后者并非没有任何公示,只是其公示方式属于非法定(或非典型)公示方式,即各自依据法定的列举方式和实施程序获得各自特有的公示方式,以满足物权法定和对抗效力的要求。鉴于地方政府间的土地权属可以依据行政协议或者复议,或者行政裁决加以确定,其权利的物权公示应当采用非法律行为的法定公示方法,并由基本法即《土地管理法》作出规定。

2. 适应《生态文明体制改革总体方案》的要求

2016 年原国土资源部发布的《自然资源统一确权登记办法(试行)》(国

土资发〔2016〕192号），明确了自然资源的国家所有权以登记能力，[①]规定自然资源登记簿关于权属状况的记载能够作为确认国家所有权和行使主体、权利内容的权威依据，并要求划清全民所有、不同层级政府行使所有权的边界，登记所有者和监管主体。2019年自然资源部、财政部、生态环境部、水利部、国家林业和草原局联合发布《自然资源统一确权登记暂行办法》（自然资发〔2019〕116号），强化自然资源国家所有权的直接行使和代理行使主体的登记。土地资源作为基础的自然资源，地方政府的权属登记必然纳入其登记的体系。

（二）明确土地争议确权裁决的物权效力

地方政府之间土地权属确认请求实现时，相关的确权裁决将产生相应的法律效力，成为确认地方政府土地权属的物权法依据。

生效土地确权裁决的法律效力分为两方面：一方面，生效确权裁决产生物权取得的效力而非物权变更效力。物权取得又称物权的发生，它是指物权与特定主体的结合状态。物权变更则指物权的客体或内容的变更，广义的物权变更还包括物权主体的变更。[②] 地方政府土地确权请求是对土地所有权与特定主体结合关系的确认，并不发生改变土地所有权主体、客体或内容的效力，因此，仅具有物权取得效力。另一方面，生效确权裁决发生物权原始取得效力而非继受取得效力。原始取得又称物权的固有取得或权利的绝对发生，它是指非依他人既存的权利而取得物权。继受取得则指基于他人既存的权

① 通常认为，登记能力的问题属于实体法的问题，应当由实体法律规范加以解决，登记程序法只是对实体法已经确认了具有登记能力的权利加以重述而已。参见程啸：《不动产登记法研究》，法律出版社2018年版，第152页。

② 参见梁慧星、陈华彬：《物权法》（第6版），法律出版社2016年版，第78页。

利取得物权。[1] 一般而言,基于法律行为取得的物权通常为继受取得,而通过其他原因取得的物权通常为原始取得。通过行使物权确认请求权取得地方政府对特定土地的支配权系因生效法律决定的强制力发生,并不依赖他人权利取得,因此,属于土地权利的原始取得。

(三)明确地方政府之间自行达成协议的物权合同效力

地方政府发生土地争议时,在纠纷解决过程中达成确权协议是进入行政裁决的前置条件。《行政区域界线管理条例》第15条规定:“因对行政区域界线实地位置认定不一致引发的争议,由该行政区域界线的批准机关依照该行政区域界线协议书的有关规定处理。”通过协议确认边界,这种行为是有效率、可行的。按照物权请求权与债权基础关系的原理,当事人可以依据协议请求登记物权,最终解决争议,明晰权属。只不过需要改变《行政区域界线管理条例》规定的协议程序前置性和强制性。但是,该协议的性质为何,是否可以作为物权变动的基础,则不无疑问。

1. 土地权属协议具有民事性质的依据

地方政府的土地权属协议存在行政合同与民事合同之争,或者在诉讼的实体基础上存在关于协议可否作为物权变动基础的疑问,即如果作为民事合同,协议无疑是物权内容的债权合同,可以作为地方政府确认和登记物权的依据,否则,作为行政合同,不能作为物权变动的依据,地方政府的确权只能另寻他法。

关于行政合同与民事合同的区分标准,行政法学的主流观点认为,行政

---

① 参见梁慧星、陈华彬:《物权法》(第6版),法律出版社2016年版,第87页。

合同须符合行政性的本质。行政合同的行政性表现如下：第一，合同的主体至少有一方是行政机关。这里的“行政机关”是以行使行政职权为目的而与行政相对人订立合同的主体，如果行政机关为其他目的则不是行政合同。第二，合同的内容是具有公益性的行政管理事务。合同内容是私益还是公益，即决定合同是民事合同还是行政合同的重要标准。第三，行政机关在合同中享有行政优益权。行政机关所享有立法应规定的行政优益权，从而显示出其与相对人在合同中不平等的法律地位。这种权力的基础是公共利益的优越性。① 可见，主流观点主张行政合同识别的主体、目的以及行政优益权三项标准。另有学者主张，在主体标准上，更加强调行政合同中当事人之间管理与被管理的不平等关系。②

地方政府之间的确权协议显然不具有行政合同识别标准中的行政权行使、管理目的性和不平等性。但是在民事和行政协议上识别的困难在于，地方政府土地确权协议在土地权利确认的同时，附带着区域行政管理权的确认，这是地方政府在现行土地经营权与管理权合一的体制下特有的权利（权力），地方政府的土地权利兼具私权和公权属性。本书认为，这一因素的存在，并不影响确权协议的民事属性。

第一，地方政府在土地确权协议中约定的事项是合同的直接目的载体，即确定争议的权利边界，间接后果是发生管理权的界分。按照合同类别识别的原理，合同的必要条款和订约目的是合同类型划分的依据，决定了订约主

① 参见姜明安：《行政法与行政诉讼法》，北京大学出版社、高等教育出版社2015年版，第311页。

② 参见胡敏洁：《困境与尴尬：行政契约的司法审查》，载余凌云：《全球时代下的行政契约》，清华大学出版社2010年版，第119～121页。

体的合同动机即利益需求。确权协议发生的地方管理权变动后果则属于交叉的附带合同效力。因为,行政机关在合同之中为民事主体,同时应受到行政内部规范、行政组织法等方面的限制,从而使其合同行为在其内部受到一定的规范。合同往往只是行政机关行政活动的一个阶段。①

第二,依《行政诉讼法》第12条规定:“人民法院受理公民、法人或者其他组织提起的下列诉讼:……(十一)认为行政机关不依法履行、未按照约定履行或者违法变更、解除政府特许经营协议、土地房屋征收补偿协议等协议的……”地方政府之间的协议不属于法定范围之中。理论上而言,我国行政合同立法原理采用了法国行政法规定的行政合同类型划分。如果按照法国法上的行政合同分类,也应将确权协议排除行政合同的范围。《法国行政法》列举的行政合同包括:(1)以合同作为公权力行使方式:①资产管理,如政府采购合同、公共工程或服务发包、公有财产管理(公有财产包括公有公产及公有私产,后者的管理原则上适用私法合同关系,而前者则属于行政合同);②公务委托;③人员聘用及管理等;④引导行政合同等;⑤新规范之实验及公共政策的现代化,例如法国与私立学校签订的教育改革实验合同。(2)有关社会法的合同。② 至于与确权协议相类似的公有财产管理合同,因我国没有采用行政公产与行政私产的法律分类,没有行政合同类比适用的空间。

2. 地方政府之间土地确权协议的法律效力

第一,确权协议经过国务院批准发生法律效力。在没有向本地区公众采

① 参见张海鹏:《民事合同与行政合同的区分和关联》,西南政法大学民商法学院2016年博士学位论文,第98页。

② 参见张海鹏:《民事合同与行政合同的区分和关联》,西南政法大学民商法学院2016年博士学位论文,第98页。

取有效方式公示前,仅发生对内效力,协议当事人不得擅自变更、解除。

第二,地方政府有义务依据批准的确权协议申请自然资源统一登记,记载不动产权利边界和管制条件。土地确权协议作为基础的债权关系,构成地方政府进行土地权利登记的请求权基础。

第三,地方政府依据不动产登记记载的土地权利具有排他性。《物权法》第16条规定,"不动产登记簿是物权归属和内容的根据"。不动产登记簿是物权归属与物权内容的证据。第17条规定:"不动产权属证书是权利人享有该不动产物权的证明。不动产权属证书记载的事项,应当与不动产登记簿一致;记载不一致的,除有证据证明不动产登记簿确有错误外,以不动产登记簿为准。"按照第16条规定,不动产登记机构应向当事人发放不动产权属证书。不动产登记簿是法定的物权公示载体,按照不动产物权设定要件主义的要求,地方政府的确权协议只有完成法定的公示才能发生不动产物权的设定效力和排他效力。

(四)区分地方政府间土地确认协议对内和对外效力

现行法律规定地方政府间土地确权协议在当事人之间可以作为确权证据,但没有规定其对外的效力,即是否发生物权的确权效力。类比行政法上的调解协议分析,理论和实务界有3种观点。第一种观点认为,行政协商达成的协议不具有法律约束力。"行政调解是非权力性质的调解,其效力依赖双方当事人的自觉履行。即便当事人达成协议,也可以反悔。当事人反悔的,调解书不发生依靠国家公权力强制执行的法律效力。"①第二种观点认为,行

① 崔卓兰:《新编行政诉讼法学》,科学出版社2004年版,第22页。

政调解具有合同效力。其理由是调解协议与和解协议具有同质性,和解协议具有合同效力,因而行政调解协议作为调解协议当然具有合同效力。该观点明确了行政调解协议具有法律效力,认为行政调解协议与当事人的和解协议具有同样的效力,即具有民事合同的效力。① 第三种观点认为,行政调解协议效力应高于一般民事调解协议的效力。其理由是,行政机关是具有公权力属性和中立地位的第三方,其调解具有较高合法性、合理性和规范性,由行政机关主持所达成调解协议的效力理应高于一般民间调解协议。同时,持该观点的学者认为,对行政调解协议效力的定位,应与具体制度与程序相联系,在专门调解机制与附带调解机制中应有所不同。②

第一种观点与第二种观点均强调了协议的合意属性,区别点在于协议的内容是民事和行政客体不同。对于解决地方政府的土地确权协议无实质的意义。第三种观点,行政程序中的调解协议高于民事协议的观点,体现了公权力介入当事人纠纷的强制性,应赋予高于民事协议的确定力。

笔者认为,第三种观点适合解释地方政府之间的确权协议。即对地方政府之间的土地确权协议,应赋予强制的公信力,其效力应推定适用行政裁决。当事人不得改变协议的内容。当事人一方有权经人民法院依法直接申请执行。理由如下:

行政协议依据公权力机构介入的程度不同分为自治型行政调解与裁断型行政调解。两者的差异在于行政机关介入纠纷的深度与强度不同,从而会对协议的性质与结果产生不同影响。“调解的结果经当事人双方同意或合

① 参见赵石麟:《行政调解协议的合同效力探析》,载《云南行政学学报》2006 年第 5 期。

② 参见范愉:《行政调解问题刍议》,载《广东社会科学》2008 年第 6 期。

意，类似于契约，而调解过程则类似于在第三者的帮助或主持下展开的契约的交涉过程。第三者在此过程中的作用可强可弱。如果其作用越弱或仅停留在促进信息交换的程序，调解所达到的结果就越接近于契约的性质，第三者解决纠纷的正当性较明显地建立在当事人的合意之上。而随着第三者作用的加强或增大，如不仅提供解决方案还施加种种压力迫使当事人接受的话，则调解的结果就带有了更浓的'裁决'色彩。"①按照《处理条例》规定，地方政府就土地权属达成的协议，在协调过程中要经过共同的上级人民政府加以协调，协议的因素可能存在更多社会属性的衡量；协议的形成最重要的是经过国务院的审批生效，若审批过程发现协议存在违法或者显失公平的情况，可能另行启动协调程序。因此，地方政府在行政程序中达成的确权协议，第三方公共主体监督属于深度程序介入过程，在相当程度上剥夺了政府自治的空间，因此，为防止擅自违约行为引发的社会风险，应从稳定和固化协议效力的角度，赋予确权协议法定效力，使其具有执行力。

（五）借鉴取得时效制度推定土地权属

占有取得是域外民法规定的土地所有权原始取得方式之一。由于土地具有稀缺性和空间上的不可替代性，在一定程度上与国计民生息息相关，域外民法对土地所有权的占有取得设置了严格的条件。

1. 排除先占取得

土地的占有取得排除适用先占取得，以避免因地方土地权属取得方式过于简单和随意造成的土地资源滥用和不必要的土地权属争议。如《阿根廷共

---

① 王亚新：《纠纷、秩序、法治——探寻研究纠纷处理与规范形成的理论框架》，载马俊驹主编：《清华法律评论》，清华大学出版社 1999 年版，第 2 页。

和国民法典》第 2528 条规定,“对于不动产、已逃至并栖身于他人不动产的家养或驯化动物、遗失物、非所有权人自愿而坠入海洋或江河之物、为救助船舶而抛弃之物以及海难残骸,不得予以先占”。

2. 须持续占有达到法定期限

在客观上有占有土地的事实和主观上有自主占有的意图外,域外立法通常设立因占有土地事实持续达到一定时间从而取得土地所有权的时效取得制度。如《韩国民法典》第 245 条规定,“以所有的意思,和平、公然占有不动产满 20 年的,经登记取得该不动产所有权”。又如《阿尔及利亚民法典》第 827 条规定:“非所有人或权利人对动产或不动产,或对动产或不动产物权实施占有的,如其占有不中断地持续 15 年,即成为该物或权利的所有人。”一些国家还规定了依占有和使用外观直接取得土地所有权的权利推定制度。如《埃及民法典》第 874 条规定:“埃及公民在未开垦的土地上耕作、种植或建筑的,可取得其耕作或种植或建筑部分的土地的所有权,即使未经政府授权,亦同。”

我国现行立法对地方政府土地界线的识别标准采用了参照历史边界和兼顾现实占有状况的原则,但是,由于历史边界的复杂性可能带来证据适用的困难。同时,由于占有现状没有要求时间持续,以及公开、合法等正当性要素,可能激发权利取得时的机会主义。例如,利用违法占有获得占有的既成事实等。因此,建议将借鉴大陆法上的取得时效规则,确认善意占有一方事实上土地权利人的合法地位。

取得时效在罗马法中先于消灭时效出现,并为后世法国、德国、日本等大陆法系民法国家所沿用。在财产被他人占有,权利人的返还原物请求权长期不予行使时,无权占有人因自主、公开、和平占有财产而产生稳定的权利外观，为不使此种状态被突如其来的返还请求权打破而造成损害，法律不得不舍弃对权利人的保护——其制度基础并非惩罚怠于行使权利的权利人，而是保护非法占有人公开、自主、持续占有财产形成的社会秩序。① 由于受到苏联民法制度和我国“拾金不昧、物归原主”传统美德的影响，加之特殊时代背景下防止“国有资产流失”的需要，我国民事立法并未规定时效取得制度。但在尊重土地权属历史和现状的基本原则指导下，可以参照集体土地所有权、使用权争议的《确定土地所有权和使用权的若干规定》的规定。《确定土地所有权和使用权的若干规定》第21条规定：“农民集体连续使用其他农民集体所有的土地已满二十年的，应视为现使用者所有；连续使用不满二十年，或者虽满二十年但在二十年期满之前所有者曾向现使用者或有关部门提出归还的，由县级以上人民政府根据具体情况确定土地所有权。”

作为地方政府土地争议的确权规则，时效取得制度应规定权利主张人占有土地持续的时间；公开和平占有土地的要件，以此确认占有方取得土地权利。

3. 权利推定

虽然，上述时效取得规定提供了依占有取得地方土地权属的依据，但显然无法满足复杂的土地确权实践对占有取得规则的需求。由于国有土地权属被排除登记的范围，仅靠历史时期形成的土地所有权权属材料证明地方的土地归属现状已经不切实际。《行政区域界线管理条例》第4条规定：“行政区域界线勘定后，应当以通告和行政区域界线详图予以公布。省、自治区、直

① 参见尹田：《论物权法规定取得时效的必要性》，载《法学》2005年第8期。

辖市之间的行政区域界线由国务院民政部门公布,由毗邻的省、自治区、直辖市人民政府共同管理。省、自治区、直辖市范围内的行政区域界线由省、自治区、直辖市人民政府公布,由毗邻的自治州、县(自治县)、市、市辖区人民政府共同管理。"第12条规定:"行政区域界线毗邻的县级以上地方各级人民政府应当建立行政区域界线联合检查制度,每5年联合检查一次。遇有影响行政区域界线实地走向的自然灾害、河流改道、道路变化等特殊情况,由行政区域界线毗邻的各有关人民政府共同对行政区域界线的特定地段随时安排联合检查。联合检查的结果,由参加检查的各地方人民政府共同报送该行政区域界线的批准机关备案。"显然,5年一次的联合检查,一是时效较长,二是地方政府对边界争议可能未达成一致确认的结果,仍然需要有效的确权制度安排。

本书建议,借鉴现行制度中集体土地界分的权利推定规则。《确定土地所有权和使用权的若干规定》第20条规定,"村农民集体所有的土地,按目前该村农民集体实际使用的本集体土地所有权界线确定所有权"。又如《海南省土地权属确定与争议处理条例》第7条规定:"……不满20年的,土地权属争议各方均不能提交充分证据证明其土地归属的,由县级以上人民政府按以下情形确定所有权归属:(一)申请土地确权前没有争议的,土地所有权确定给正在使用的农村集体经济组织的农民集体所有;(二)申请土地确权前已经发生争议的,根据争议各方使用争议地的使用现状、使用时间长短、生产活动习惯、人口数量、人均拥有的土地数量、距离远近等具体情况,确定各方土地所有权。"权利推定规则可以为所有权不清且占有使用未达到取得时效要求的地方土地界分提供标准,体现了对地方政府土地权属争议历史因素和现实因素的平衡。

(六)确认地方政府土地权属应适用添附制度

事实上,在地方政府土地权属争议中,自然原因形成的土地添附问题较为多见,需要利用传统物权的添附规则确认新增土地的权属。地方政府土地确权关系适用添附制度的合理性如下:

第一,在自然现象上,添附产生新增土地的情形包括河流改道、海水冲积等,在原土地基础之上因自然之力添附形成新的土地的现象客观存在。黄河入海口,每年12亿吨泥沙淤积,使陆地向海中延伸推进3公里,是最大的自然添附,原土地滩涂权利人对添附之部分也自然取得新的权利。黄河每年4亿吨泥沙流积于河床,水流改向变道,使两边河岸滩涂增减变化,亦为常事。黄河滩上,多有农民种植。麦收之后,雨量增加,河水上涨,滩地多被淹没,待河水消减后退,重新种植,仍为滩地原占有人占用耕种,就所淤积添附之处,即取得相应之权利。在辽宁省辽河水域的枯水期,由于河床土地肥沃,土地长期由两岸农民种植。收获之后,土地权利仍归属于地方水利部门管理。

第二,添附作为确权的技术,适用按照原权利认定归属的确权标准,证明简单,有利于节约纠纷的处理成本。因自然外力形成的新生土地与其依附的原土地在空间和使用上不可分离,依据原土地所有权即可确认新生土地的权属。

第三,我国现行法上的添附规则并不否认当事人确权合意的法律效力,地方土地确权中,适用添附规则可以兼容确权协议。《民法典》第322条规定:"因加工、附合、混合而产生的物的归属,有约定的,按照约定;没有约定或者约定不明确的,依照法律规定;法律没有规定的,按照充分发挥物的效用以及保护无过错当事人的原则确定。因一方当事人的过错或者确定物的归属造成另一方当事人损害的,应当给予赔偿或者补偿。”由于当事人关于添附后新物权属的约定优先于添附的强制性规范,在当事人没有对权属约定的情况下,添附物归一方权利人原始取得,其他权利人的物权宣告消灭,对非权利人适用不当得利规则补偿问题。如此处理,有利于提高土地权属的有效配置。在强制适用添附确权之前,如果争议的地方政府达成确权协议,可以优先适用确权协议。

第四,解决地方政府的土地权属争议适用添附制度,具备制度的基础条件。在一般意义上,添附取得的制度基础应当是原物的权属明晰。虽然,域外土地所有权添附取得以土地私有制度或者以土地私有为主体的所有权制度为基础,但共同条件是要求原物权属明晰化。我国土地所有权的制度形式仅包括全民所有和集体所有。地方政府之间的土地边界在自然原因添附的情形下,被添附的原物权属可以依据现行法律加以确认。在确权过程中适用添附规则:一方面,有利于保护国有土地所有权不被集体或个人违法行为所侵蚀;另一方面,有利于消除地方政府之间土地边界的不必要纷争,有效地维护地方政府代表国家行使自然资源物权的产权秩序。

第五章　辽宁省突破辽西北战略实施中生态保护法律问题对策研究

引　言

2018年辽宁省委、省政府作出《关于实施突破辽西北战略若干问题的意见》，2019年3月，辽宁省委、省政府出台6条政策措施，加大对辽西北地区的财政、政策支持力度，计划在未来5年时间内实现：确保主要经济指标增速持续较大幅度超过全省平均水平，确保人民生活质量和水平显著提高，确保生态环境建设取得明显成效，为早日实现辽宁老工业基地全面振兴提供重要支撑。突破辽西北战略的设置在于打破制约辽西北经济发展的瓶颈，将其带入辽西北地区实现跨越式、可持续发展的轨道。考察辽西北经济发展的历史和调研发现，由于客观上脆弱生态环境局限、长期自然资源开发方式并不合理导致人为加重了生态环境的破坏和退化，使辽西北地区陷于贫困。近年来，由于资源依赖产业转型没有完成，以牺牲生态环境为代价的落后发展模式又使辽西北加重了贫困的恶性循环，生态瓶颈是辽西北发展的重要特征性障碍。根据辽西北发展战略确定的生态环境建设目标，本章收集朝阳市、阜新市在经济建设过程中的生态资源保护实证资料，经过研究认为，辽西北地区在生态环境治理已经初见成效，但是由于该地区仍然以资源开发的重化工为主，生态环境法律的制度保障问题仍十分迫切，实施突破辽西北战略，必须根据本地的特点，有针对性地强化生态保护法律制度。

一、辽西北地区生态环境保护的重要意义

（一）辽西北地区的生态环境特征

朝阳、阜新地区处于内蒙古高原向沿海平原过渡的阶梯分界地带，地势为西北高、东南低。朝阳市土地总面积为196万公顷，其中，耕地占24.2%，林地占32.2%，牧草地占6.2%，13个自然保护区占总面积的8.85%。朝阳市是全省乃至东北地区水土流失严重区域之一，境内大小沟壑12.2万条，占国土面积的13%，其中，大凌河中上游地区是国家八大水土流失治理区域之一。

整体生态环境状况整体上处于脆弱的边缘。朝阳、阜新地区地处辽西北山部丘陵地区，属北温带半干旱半湿润大陆性季风气候，由于受到纬度位置、海陆位置、大气环流和地形等因素的影响而干旱少雨，植被稀少，区域水系水土流失严重，有机质和碳、磷、钾养分大量流失，土层越来越薄，直接导致土壤肥力降低，耕地面积减少，严重制约了农业发展；朝阳、阜新地区区域水系水

质环境较差，直接影响了区内村镇饮用水、区域工业用水水源供应；地区资源整体趋于枯竭，过去对矿山环境缺乏保护和治理，目前矿区生态环境已经深度恶化，严重影响了人民的生产和生活。

1. 水土流失依然严重

朝阳、阜新地处北方山地丘陵地区，属于北温带大陆性季风气候，年降水量分别为450～580毫升和219～736毫升，干旱少雨是该市的主要气候特点。朝阳、阜新地区的土壤以褐土为主，占84.5%，耕地营养状况可以概括为"缺磷少氮钾不足，土壤有机质含量低，土壤养分分布不均衡"。

朝阳、阜新地区干旱少雨，土薄石多，植物覆被率低，大部分土地不能有效截蓄降雨、分散径流、减缓流速，干旱、局部暴雨频繁发生，农业生态环境特别脆弱，水土流失以水蚀为主。阜新市的中小河流多，险工险段多，多数河流无防护工程，不能满足安全度汛的要求。到2019年年底，全市河道满足十年一遇以上防洪标准的仅有420千米。由于水土流失造成泥沙淤积，朝阳市目前有76座水库，地表水利用程度仅有4.8%。根据水文部门多年水文资料计算分析，主汛期降雨量占全年总雨量的90%以上，水土流失也集中在汛期。各河流6月至9月输沙量占年总量的90%～95%。水土流失严重，生态环境脆弱已成为制约朝阳市可持续发展的主要因素。

2. 水资源严重匮乏

朝阳、阜新地区是辽宁省缺水较严重地区。阜新市位于辽西低山丘陵向中部平洼区的过渡地带，受辽河与大凌河水系上游支流的控制，水旱灾害频繁。近十年间，连续多年出现春旱、伏旱或秋吊，每年不同程度的受旱面积都在195万亩以上，因干旱减产粮食5亿～10亿千克，全地区水资源总量为

8.97亿立方米，日供水能力勉强达到25万吨。水质污染比较严重，境内大小河流均受到不同程度的污染，水质污染加剧了水资源的缺乏。阜新市由于采矿破坏了大量的地表植被，使得林草植被失去了涵养水源的功能，天然降雨不能及时补充地下水，以及大面积荒山、荒沟、荒地没有得到治理，由降雨产生的地表径流因无水土保持工程措施及林草措施的拦蓄而白白流走，造成地表水利用率低。目前，全市地下水开采率已接近极限值，部分地区地下水开采过量，导致地下水位下降，形成大小滤斗，居民日常生活用水实行定时供应。

3. 土地沙化问题严重

朝阳、阜新地区位于科尔沁沙地南部，生态环境脆弱地区面积大，同时作为辽宁省沙漠化危害最为严重的地区，沙化土地面积占地区土地总面积的1/5，还有大量荒地亟待绿化，非法侵占林地的现象时有发生。

4. 地质灾害风险加大

国家、集体、私营等多种形式下的开采，导致朝阳、阜新地区村镇周边的矿区废水、废气、固体废弃物污染严重，矿山植被、土地、水生态环境破坏突出，煤矿采空区大面积沉陷，地表变形、地裂缝、滑坡、崩塌、尾矿和废弃石堆积破坏和占用大面积土地，地质灾害频发，次生地质灾害加剧，生态环境恶化。

（二）突破战略中辽西北生态保护的必要性

1. 有利于改变辽西北资源依赖性经济发展模式

在历史上，朝阳、阜新地区矿产资源大规模、高强度开采严重破坏生态环境，长期得不到恢复，矿区环境治理与生态恢复“欠账”很多。目前矿区生态环境已经深度恶化，资源整体趋于枯竭，严重影响了人民的生产和生活。至今朝阳地区煤化工业仍然占国民经济总量80%左右,资源开采中的环境生态保护压力严峻,该地区在社会经济发展中必须突破传统经济发展模式,走加强生态环境保护建设的道路,因而必须将生态系统的保护和当地经济、社会的发展作为一个整体统筹考虑,确立生态优先的经济发展战略,才是突破辽西北经济发展的瓶颈最佳路径。

2. 有利于辽西北地区社会经济可持续发展

改变单纯追求经济效益的生产和生活方式后,辽西北地区的经济和社会发展在短时期内可能会受到一定的影响,但从长远来看,辽西北地区生态与环境的改善不仅有利于辽宁的经济整体发展,也有利于当地经济社会的可持续发展。

辽西北地区中阜新市是以煤炭开采为主的城市,煤炭资源呈递减趋势,由于资源的不可再生性,对整个区域经济增长拉动作用逐渐减弱。阜新市过去在经济上严重依赖资源开采和初加工,资源型产业一业独大,煤炭冶金等行业,产业链条短,附加值低。配套产业多是与采掘业形成紧密的产业链,产业关联度大,配套产业的依附性强,对资源依赖性高,产业转型的基础薄弱,第一、二、三产业尚未形成协调发展。伴随资源的日益衰竭,城市赖以生存的资源型产业发展缓慢。强化生态保护,走资源节约型、环境友好型、清洁生产型、循环经济型的可持续发展之路,转变传统经济发展模式是遏制辽西北地区生态与环境恶化趋势的根本举措。

3. 有利于建立辽宁省生态屏障

作为国家新型工业化综合配套改革示范区——沈阳经济区重要组成部分的阜新市与作为沿海经济带成员的朝阳市,在未来社会经济发展中承担着辽宁绿色屏障的重要功能。“突破辽西北”战略中强调了生态文明建设,这不仅可以改善这一地区的生态环境,而且能够为辽宁中部地区发展提供生态屏障。

二、辽西北生态保护存在的法律问题

在“十一五”规划期间,辽宁省委、省政府高度重视辽西北地区的生态环境建设,投资和工作力度加大,如2018年7月受省政府的委托,省发改委已经制定了《朝阳、阜新地区十二五时期建设生态恢复示范区规划》;辽西北地方也制定和实施了本地区的生态保护规划。例如,阜新市出台了《生态保护的实施意见》《阜新市封山禁牧实施办法》《阜新市林业建设考核评级工作的实施意见》等地方性法规,通过法律和政策促进了辽西北地方生态环境的治理,生态环境状况得到很大改观。但是,调研中发现,现有的资源与环境保护的体制和法律制度还不能适应辽西北地区生态环境保护的迫切需要。

(一)缺乏生态环境保护的整体规划

环境资源规划是根据地区的环境资源状况以及社会经济发展的需要,对一定时期和一定范围环境资源的开发、利用和保护的目标和行动进行的总体安排。环境资源规划由环境保护规划、自然资源规划以及其他相关规划构成。其中,环境保护规划包括综合性的环境保护规划和专项的环境保护规划。前者是地方环境保护五年计划,后者主要指环境污染控制规划、生态保护和建设规划及其他环境保护规划。自然资源规划指根据地区自然资源的状况、特点以及社会经济发展的需求,对一定时期内的自然资源的开发、利用和保护所做的总体安排。

经调研发现,目前辽西北地区缺乏对综合性的生态环境保护规划。

1. 在自然资源开发和环境保护规划方面，朝阳市与阜新市仅有2016～2020年矿产资源总体规划和土地利用总体规划，而林业资源、水资源和生态保护区等单项生态资源的规划几乎处于空白状态。生态环境保护规划与经济发展总体规划不衔接，只是作为经济社会发展规划中一部分提出，并没有制定专门的生态环境保护规划。例如，辽西北地区“十三五”时期发展规划第八章生态恢复和环境治理对环境资源保护作出整体规划。

2. 在已有的规划中，经济发展仍然处于优先地位。经济发展与环境生态保护的两者发生冲突时，规划内容还是牺牲环境生态为代价的增长方式经济指标。例如，阜新蒙古族自治县资源以铁矿为主，2018年经济发展规划完成的财政收入5亿元，主要来自铁矿开采，出现了经济指标越高，生态环境破坏越严重的恶性循环。按照阜新地区“十二五”发展规划，财政收入要翻番，2018年50亿元、2019年100亿元、2020年300亿元，前提是加大铁矿的开发力度，但是生态环境如何保障，在规划中并没有规划的指标控制和具体到措施。

3. 生态与环境保护指标的强制性没有体现。从整体来看，生态与环境保护的需要强制性指标以保障其实施，应在经济总量加入调节性指标、财政投入指标、国家国土综合利用、自然资源合理开发限制指标等，但是在朝阳市、阜新市“十三五”经济发展规划和辽宁省突破辽西北战略中，这些刚性指标并没有规划规定和保障。例如，阜新地区的水土保持压力较大，而“十二五”规划周期，辽宁省的生态保护规划并没有落实水环境治理的专项资金，而是投资了8亿元生态资金，主要用于大伙房水边周边的水土保持与环境治理，其他地区没有得到专项的财政资金支持。

(二)生态环境保护体制尚待整合

生态是环境的构成要素,生态与环境具有整体性,因此,需要自然资源管理部门权力相互协调、整合。在调研中发现,一方面,辽宁省委、省政府成立突破辽西北工作领导小组,作为突破辽西北战略的组织领导机构与阜新市、朝阳市设立突破辽西北战略实施的组织机构缺乏沟通。另一方面,用现行法律制度将自然资源管理权限分配到不同的行政部门会产生职责权限冲突与掣肘。阜新市和朝阳市的国土资源部门、水利部门、环保部门、工商局、税务部门等生态与环境保护相关部门分工不明确,相互缺乏协调组织。很多部门经常从部门利益出发,对本部门有利可图的,往往相互争夺审批、发证、收费、处罚、解释等权限,而无利可图的则往往无人愿意负责,互相扯皮、推诿,人为造成许多工作漏洞。从而导致生态环境执法效率低下。例如,矿山开采会发生三方面的损害:地下水环境破坏、林地植被破坏、地质灾害。行政执法机构涉及林业部门、环境部门、国土资源部门,但是《土地管理法》《环境保护法》仅规定了环境部门、国土资源部门的职权,林业部门由于对此没有法定权力,无法依法行政、制止环境侵权行为。

(三)分散的财政体制导致生态治理的财政资金利用效率低下

生态治理是涉及公共利益,按照《环境法》确定了地方政府保护环境、恢复生态的法律责任。作为公共资源和国有财产,地方政府不仅应承担财政投资的义务,还应建立优化资金利用与监管的行政体制,最大化资金的生态治理效率。经调研了解,在地方,“十二五”期间,阜新市用于恢复生态环境的资金为1970万元;在省一级,2018年至2019年,省政府、省发改委、省财政厅、省国土资源厅、省环保局对辽西北地区生态环境保护工作投入了大量的资金,并通过支持循环经济产业的扶持政策间接地进行政策倾斜，仅2019年对辽西北生态与环境保护项目总共落实资金8亿元。落实情况如下：第一，2018年至2019年，省本级矿产资源补偿费和两权价款收益重点用于三市矿产资源勘查。省本级矿产资源补偿费地质勘查找矿项目53个，累计投资2亿多元。第二，2019年至2020年，省政府对朝阳地区五百万亩荒山绿化、坡地绿化财政分三年投入3.9亿元人民币，国家已经投入20多亿元人民币对退耕还林成果补助。每亩补助100元，每年补助400万元。第三，2018年至2019年，辽宁省对辽西北三市一般性转移支付补助在确定系数的基础上再提高1个百分点。但是经调研发现，目前生态环境保护资金利用效果并不理想，其主要原因在于财政体制存在诸多问题。

1.生态环境保护资金多头管理的现象比较突出，缺乏统一协调和监督。在调研中朝阳市财政局的同志反映，突破辽西北专项补助资金、国家和省里自然保护区专项资金、矿山环境治理资金与生态保护专项资金等不同渠道的项目资金安排由不同的部门按职能分别管理分配，在资金运用中是各自为政。这就造成生态环境保护资金多头拨付、使用过于分散，不能使有限的资金形成规模效应和发挥应有的作用。具体操作中，哪个部门有博弈能力就会得到项目的投资，结果导致需优先实施的项目缺乏资金，而其他项目资金盈余、财政资金分散形不成合力，增加资金管理成本，资金的利用效率低下。

2.专项生态环境治理资金没有专款专用。目前，国家对矿产资源补偿费（后为矿山环境恢复保证金）的返还比例是国家与省是5∶5，而省级政府对资金的使用是根据需要统一调配，并不一定返还资源所在地，这就造成资源所在地政府治理矿山污染的资金严重短缺。事实上，发现和治理矿山生态环境损害的义务主要在各地方。将矿山治理保证金上解到省国土资源厅无法实现专款专用的环境生态治理目的。

3. 省管现财政体制导致市级财权与事权不匹配。经调研，从2018年开始，国家实行省管县的体制改革，国家和省级关于生态保护与环境治理的财政拨款都直接下发到县一级财政部门，由县一级政府统一支配，市一级财政负责结算和资金使用的监督。而按照《环境保护法》的规定，环境与生态的保护职责实行市县行政主管机关实行纵向领导的体制，然而在生态保护的实践工作中，市级政府相关职能部门（如林业局、环保局和国土资源局）还要承担监督生态环境保护工作的法律责任。市一级政府则无权干涉这些资金的分配，无法行使有效的监督，形成在生态环境保护财政体制上财权与事权不匹配。

（四）生态补偿法律制度不完善

《环境保护法》规定，生态补偿制度是生态受益人在合法利用自然资源过程中，对生态保护付出代价支付相应费用的制度。立法目的是对于生态保护行为进行经济激励，鼓励生态脆弱地区更多承担保护生态义务，适当补助环境资源的开发、利用、保护、改善过程中发生的资金。据调研，国家每年投入2亿元生态补偿资金，连续投入20年鼓励辽西北地区生态保护中去。但据调研，目前辽西北生态补偿法律制度还存在不完善的问题。

1. 矿山环境恢复治理保证金数额难以满足环境治理的需要

2017年，辽宁省先后修订了《辽宁省地质环境保护条例》和《辽宁省矿山环境恢复治理保证金管理暂行办法》，规定凡在辽宁省行政区域内开采矿产资源的采矿权人，必须依法履行矿山环境恢复治理的义务，与负责采矿许可登记的县级以上国土资源行政主管部门签订矿山环境恢复治理责任书，编制

《矿山地质环境保护与综合治理方案》,并交存矿山环境恢复治理保证金。总体来看,省有关规范没有明确规定保证金制度的适用方式和适用范围,使保证金数额的确定地方自由裁量权过大。多数情况是,保证金补偿费标准过低,矿山开采之后又无人治理,保证金不足支付环境治理的成本,矿山开采越多,矿区周围生态环境破坏越严重。

2. 林业生态补偿中存在的问题

第一,在退耕还林和封山禁牧过程中没有兼顾当地居民的利益。经调研,在辽西北地区,为了保护环境,防止环境污染和生态破坏造成的生态环境价值减损,实施封山育林、退牧还草等措施,政府对林木所有人的林木所有权进行限制,不能随意砍伐甚至不能砍伐。然而相应的生态补偿法律制度不完善严重影响到当地农民的生计。另外,根据《退耕还林条例》第 5 条第 2 项的规定,退耕还林要采取"政策引导和农民自愿退耕相结合"的原则,政府在农民是否退耕、种什么等方面只起引导作用而不是行政强制或命令。但在实践中退耕还林主要是依赖政府部门的行政手段推动,政府主导特征十分明显,自上而下地强制遵守退耕还林协议,形成退耕户与行政主管部门的矛盾与抵触。由此可见,行政手段虽然动员能力强,推进速度快,但随着自然资源开发的权利被限制,相应的补偿没有及时到位,导致林区农民生存权与发展权受到严重损害。

第二,对退耕农的生态补偿标准不能形成有效的激励。经调研,目前退耕还林补偿存在如下问题:(1)补偿期限短。尽管国家把退耕还林补偿周期延长到 16 年,但由于林业生产的长期性,目前退耕还林的期限还不能说是一个充足的期限。(2)补偿金额固定不变,不能反映市场粮食价格的动态指标。

国家补偿在2017年进入第二周期，只按每亩160元补偿现金。(3)补偿缺项。补偿标准中只考虑退耕农民的直接损失，没有考虑退耕农民发展机会成本的损失。于是在粮食价格大幅上涨后，农民种粮积极性高涨，许多地方就出现了农民退耕还林积极性下降，拔树、毁草、种粮种花生的复耕现象时有发生，林草的成活率难以得到保证。

(五)自然保护区的建立和管理没有落实平衡生态保护和利益相关者的关系

辽西北地区共有8个国家级和省级自然保护区，辽宁省在“十三五”规划期间计划以现有的自然保护区为基础，以朝阳市境内的努鲁尔虎山自然保护区、劈山沟省级自然保护区和阜新市境内的海棠山国家自然保护区、三塔沟国家自然保护区、章古台国家沙地森林公园为节点，形成辽西北自然保护区的生态廊道。按照《自然保护区条例》的规定，设置自然资源保护区的目的是通过设立核心区、缓冲区、外围区，限制、禁止自然保护区内的人工活动和开发行为，尤其是经济行为，对保护区域内的生态功能实行优先的保护，只有在外围区才许可开展与缓冲区相类似的工作外，包括有一定范围的生产活动，还可有少量居民点和旅游设施。因此自然保护区在获得国家资金资助的同时，本地区和居住区内的居民应依法承担限制开发行为和采取必要措施经济产业转型的法定义务。我国《自然保护区条例》第5条规定：建设和管理自然保护区，应当妥善处理与当地经济建设和居民生产生活的关系；第26条规定，禁止在自然保护区内进行砍伐、放牧、狩猎、捕捞、采药、开垦、烧荒、开矿、采石、挖沙等活动。目前，辽西北地区在自然保护区设立和管理中存在如下几个方面的问题：

1. 自然保护区的设立未考虑自然保护区内的居民正当权益

与其他国家的自然保护区不同,我国自然保护区在设置之前,已有人生活在其中,人的经济活动与动物活动构成了一些矛盾。辽西北地区的自然保护区也是如此。自然保护区的设置由于限制了原有自由的生活方式和经济开发行为,在法律上剥夺了保护区内居民对土地、自然资源利用、经营的自主权,必须按照民事权利的意思自治原则,保障当地居民的知情权、同意权和参与权。经调研,辽西北地区有些地方设置自然保护区由于出于争取国家资金的目的,许多居民甚至不知道自己所在的地区被划入自然保护区,保护区内居民的参与权和知情权被剥夺,保护区设置后居民的内在激励不足;《自然保护区管理条例》第22条规定:“禁止任何人进入自然保护区核心区,禁止在自然保护区的缓冲区开展旅游和生产活动。”在朝阳地区,保护区设立后,地方政府的信息公开和义务告知不到位、生态补偿不足,自然保护区居民没有移民、劳动力没有向其他产业转移,核心区和缓冲区的农民基本上没有停止原有地区的农业、矿业、牧业开发活动。例如,目前位于朝阳市的努鲁尔虎山自然保护区三条沟内具有原居民居住,保持着原有的生产和生活方式,甚至还有企业在沟内开矿,居民和企业伐树放牧等破坏自然保护区的违法行为频频出现。

2. 自然保护区财政投资严重不足

《自然保护区管理条例》第23条规定:“管理自然保护区所需经费,由自然保护区所在地的县级以上地方人民政府安排。国家对国家级自然保护区的管理,给予适当的资金补助。”自然保护区的财政投资主要用于农民作为集体自然资源所有人因自然保护区内的自然资源用益物权受到限制给予的生态补偿,移民安置费用,生物多样性保护费用。由于辽西北地区自然保护区数量多,建设的资金需要量大,朝阳、阜新两地的财政人均财政收入远远低于全省平均水平,地方政府无法保证足够的资金投向保护区建设。

三、辽西北生态保护法律对策

笔者认为,辽西北地区的生态环境保护是区域性的特殊问题。在国际上,区域性发展问题主要的立法经验是制定调整区域性发展的立法。如联邦德国改造鲁尔地区环境问题,完成地区经济转型的《改善地区经济结构法》,韩国的《促进特别地域综合开发特别措施法》。我国在山东等地也不乏已有的地方区域立法惯例。如山东省《突破菏泽地区发展办法》与辽宁省《辽宁沿海经济带条例》等。建议出台专门的辽西北地区生态资源保护条例,通过法律制度推进辽西北地区生态环境保护,为辽宁省突破辽西北战略的实施提供法律保障。条例应根据当前辽西北地区生态环境保护问题制定如下法律制度。

(一)确立生态环境保护优先的辽西北开发战略

辽西北所处的脆弱生态环境,决定了对其不能进行一般意义上的资源的开发利用。辽西北的资源开发一定要考虑生态安全、环境安全及可持续发展。我们不能为了满足现代人的需求,而去损害后代人得以生存发展的基础。因此辽西北生态环境立法要改变经济发展优先的立法理念,建立体现“生态优先”“环境优先”价值理念的辽西北生态保护的法律制度。为此,生态环境保护优先应作为未来出台的《辽西北生态环境保护条例》的立法指导思想。

(二)加强生态资源保护的整体规划

2016 年 6 月出台了《全国主体功能区规划》,明确了未来国土空间开发的主要目标和战略格局,规定了四类开发模式:将国土空间划分为优化开发区域、重点开发区域、限制开发区域和禁止开发区域。辽宁省应结合《全国主体功能区规划》,调整《辽宁省生态功能区划》,辽西北地区要贯彻落实上述规划,按照优化开发、重点开发、限制开发、禁止开发的不同生态功能区要求,搞好规划和决策的环境论证,减少发展经济给生态环境带来的负面影响。加快制定辽西北地区综合性的环境保护规划和单项的环境保护规划。辽西北地区制定综合规划应当包括矿产资源开发利用、林地开发利用、荒山荒地治理、水土流失治理、环境污染治理、水资源开发利用等方面的控制性指标,制定规划目标,拟定该地区的生态功能区划,分别对该地区到2020年和2030年的矿产资源、林业资源、土地资源、水资源等进行总体部署,科学评价规划实施对环境的影响,综合分析规划实施的经济效益、社会效益和生态效益等。

(三)完善综合决策机制,健全生态资源保护责任制度

1.逐步有效率地建立生态环境保护与经济发展综合决策机制

一方面,要协调辽西北工作领导小组与省环保厅、国土资源厅、林业厅等部门的协调机制。同时要加强对辽西北各地相关职能部门在生态资源保护中加以工作指导,协调解决相关地区、部门之间的冲突。另一方面,为了提高辽西北地区生态环境执法的效率,减少决策和办事过程中的消耗,应设置专门的机构统一负责该地区的环境保护监督管理。即设立省辽西北生态保护委员会在该地区范围内统一行使法律、行政法规规定的生态环境保护监督管理权,其中应确立环境主管部门在治理中的主导行政职权,其他职能部门如国土部门、林业部门都要在辽西北生态环境保护委员会统一协调下,进行生态环境保护权力的合理分工与协助,各司其职。

2. 落实科学发展观和正确的政绩观，建立绿色 GDP 核算体系，将资源消耗、生态损益纳入经济发展的评价体系

把生态保护纳入各级领导干部任期政绩考核重要内容。建立生态环境保护目标责任制、生态环境保护问责制、生态环境保护行政责任追究制等制度。例如，《阜新市人民政府关于进一步加强林业建设考核评价工作的实施意见》规定，每次年度考评结束后，在《阜新日报》上公布考评结果；将考评结果作为评选绿化县（区）委书记、县（区）长（每三年评选一次）和绿化乡（镇）书记、乡（镇）长及相应先进集体、先进个人（每年评选一次）的前提条件；对在考评中没有达到合格标准的县（区）、乡（镇）和林业部门实行“一票否决”，其党政主要负责人、分管负责人和有关人员不得评优受奖，其集体不能获得综合性荣誉；将考评结果作为提拔任用的重要依据。通过调研得知该实施意见在阜新市取得显著的效果，值得推广。

（四）完善生态保护财政体制

1. 构建权责统一的生态保护财政转移支付管理体制

第一，针对部分县在保护生态环境方面所做的牺牲，市财政应将增加生态保护补偿预算资金，列入每年度财政预算以补偿维持生态环境良性循环的公共资金。同时实行税收增量返还和激励性转移支付办法，促进县域经济的协调发展。第二，应该赋予市级生态保护职能事权相匹配的财权。针对由于分税制改革带来地方市财政收入减少的现状，省财政通过转移支付适当资金，补足市一级生态环境补偿资金的缺口，使其有能力履行环境监管的义务。第三，应当将矿产资源补偿费和矿山治理保证金应当直接下解到市级地方财政，保证以专门用于矿山复垦和矿山周围的环境恢复。

2. 加大生态整治与资源保护专项资金整合力度

建议以立项的方式将各职能部门、各级财政投入的环境生态建设资金集中捆绑使用。辽西北各地方政府可以就本地区生态环境项目设立地方补偿资金。通过找准财政资金投入生态资源保护的切入点，科学设定财政扶持生态资源保护资金的项目分类、投资概算和实施期限，分类、分项、依次逐步实施整合生态保护支出计划。同时，当地财政部门通过加强与其他相关部门的沟通协调，做好资金的统筹安排，将专项资金整合集中投入重点项目中去，使专项资金发挥出最大效益。

（五）以生态环境标准约束矿山企业的开发行为

1. 将采矿市场准入与退出与企业的生态环境义务履行相挂钩

调研中，我们认为阜新市的在这方面经验值得推广。依据《辽宁省矿山环境恢复治理保证金管理暂行办法》的有关规定，阜新市《关于对铁选行业污染破坏环境等问题进行综合整治的通知》规定，由市国土资源行政主管部门牵头，会同有关县、区政府，财政，环保，水利，林业行政主管部门，对铁选企业（新办及已取得采矿许可证的）征收矿山环境恢复治理保证金和土地复垦费，确保应缴尽缴和专款专用。对新设立、延续、变更登记的采矿权人在领取采矿权许可之前签订责任书，交存保证金。对拟停办、关闭的企业，在停办、关闭或“闭坑”前，必须完成矿山环境恢复治理，经有关部门验收合格后方可办理采矿权注销手续。要求采矿企业预先交纳一定保证金的方式确保生态环境的保护与修复，资金规模主要取决于矿产资源开发规模的大小以及自然环境、开发技术等因素；为实现保证金的特殊目的，保证金收取可以采取常态与动态相结合的方式。

2. 实行开采过程的环境监督

矿业权人在采矿探矿过程中应当边勘探开采边治理,矿业权人要求分期对治理工程进行验收的,应当提出申请并经特别批准。矿产资源行政主管部门要进行全过程的监督。验收不合格的,应当责令限期恢复治理;矿业权人拒不恢复治理的,保证金及利息不予返还,并由矿区所在地国土资源行政主管部门用保证金统一组织其他单位或个人进行治理,治理费用超过保证金的部分仍由矿业权人承担。矿业企业违法环境治理义务严重的,应征收惩罚性的罚金或者责令停止生产、吊销采矿许可。

3. 通过建立煤炭生态产业主体优化扶持机制,引导煤炭生态治理产业的开发

煤炭开采造成了当地生态环境的严重破坏,存在地表沉陷治理、煤矸石治理、土地复垦、水土保持、矿区造林绿化等问题,生态治理产业的使命就在于解决生态环境问题。

建议设立煤炭生态企业,企业行为的内容是治理的内容,有地表沉陷治理、煤矸石治理、土地复垦、水土保持、矿区造林绿化等环境与生态保护活动;而同时煤炭企业整合会释放大量剩余劳动力,需要由其他产业的发展来吸纳,最好设立一些主体来进行生态产业的建设,将这些有矿山实地工作经验的人力资源吸纳进来,进行生态环境的恢复建设,这样就可以同时解决这两方面问题。

(六)加快生态补偿立法

1. 省里要加大转移到市级矿产资源补偿费比例

建议在矿产资源补偿费的分配比例中,适当提高地方分成比例。可以考

虑绝对补偿费归中央,级差补偿费归地方。另外,要尽快建立矿产资源开采企业对开采地环境破坏补偿机制,法律应规定企业上缴开采地的税收比例,所有矿产资源开采企业不论企业所属地在哪里,都应在矿产资源开采地登记注册,就地缴纳所得税。

2. 加强促进林业发展制度创新

首先,对林农实施生态补偿标准市场化。改变现有补助标准为固定数额的政策,退耕还林还草补助应根据当年的粮价上涨幅度和退耕地的最低产量、退耕面积对退耕农户予以补贴。应重视退耕户的发展权,以市场经济中劳动力价值去衡量退耕户的劳动价值,对他们实施动态的生态补偿。

其次,增加退耕农户和植树造林主体的权利。第一,保证对林产品的处置权。经调研,《阜新市人民政府关于深化集体林产权制度改革的意见》允许退耕农户自由处置所种植的经济林才能真正体现“谁造林、谁所有、谁收益”的原则。退耕土地还林后的承包经营权期限可以延长到70年。承包经营权到期后,土地承包经营权人可以依照有关法律、法规的规定继续承包。退耕还林土地和荒山荒地造林后的承包经营权可以依法继承、转让。第二,有针对性地放宽林粮间作,发展林下经济。林粮间作具有很好的生态优势。第三,调动社会力量积极投资于林业建设。阜新市的经验值得推广,阜新市人民政府先后出台了《企事业单位、民营大户到农村营造杨树速生丰产商品林有关事宜的通知》《鼓励四荒拍卖造林优惠政策》等政策性文件。规定房前屋后和空闲地植树不受采伐限额的限制,对“四荒”实行“卖、送、补”等造林优惠政策。彰武县政府出台了《关于进一步加快林业发展的17条优惠政策》,鼓励企事业、社会团体、造林大户和外域投资者以租赁、承包、拍卖、转让等经营方式投资林业，鼓励、支持、吸引社会资金参与林业建设。

最后，继续推行“一事一议”财政奖补和以劳力代替资本制度，增强农民生态保护的积极性。经调研，辽西北生态保护单纯依靠政府包揽而不调动农民自主积极性是难以奏效的。在突破辽西北生态保护中必须充分调动集体、农民、社会各方面参与的积极性。应当在矿山治理、防沙治沙、林下经济、荒山绿化等生态环境保护中实行“一事一议”奖补和以劳力代替资本制度。按照“性质不变、渠道不乱、分别管理、各记其功”的原则，将多种生态保护专项资金捆绑使用，统筹安排，集中投入，推进公共资源优化配置。“一事一议”奖补和以劳力代替资本项目原则上应由村“两委”具体组织实施，通过群众投工投劳、政府奖励补助、社会捐赠支持、相关部门提供技术指导来完成，充分发挥农民生态保护的积极性。

3. 建立水资源生态补偿制度

应尽快规定水资源补偿制度。它主要应包括国家财政转移支付、地区开发性补偿、水源保护补偿、水资源费、水费和排污费等内容。在进行相关的水资源管理和保护制度设计时，必须注重对行政行为的程序性规定，以保障公众的环境民主得以实现。其中最基本的制度包括：知情制度、裁决制度、听证制度、许可程序制度、调查程序、时效制度等。

（七）强化自然保护区法律制度的实施

1. 制定生态移民合理规划，保证生态移民的合法权利

根据《自然保护区条例》第18条、第27条、第32条的规定，自然保护区的核心区禁止任何单位和个人进入，禁止建设任何生产设施，除经过依法批准外，也不允许进入从事科学研究活动。因此要对自然保护区核心区的居民进

行生态移民。首先要对生态移民进行规划。规划要包括实施的目标、对象、措施、任务、实施阶段等内容，在经过缜密论证后应该由相关部门发布实施。其次，通过相关立法，保障生态移民因迁移而派生的补偿权、居住权、发展权、监督权、知情权、移民事务参与权、申诉救济权、社会保障权等多项权益。

2. 通过建立"辽西生态保护基金"，形成长期稳定的生态环境资金投入

设立辽西北生态保护基金管理委员会统一对自然保护区的投入资金分配进行管理，确保自然保护区管理费用的落实，逐步改善和提高自然保护区内居住的农民的生活水平。生态补偿基金主要源于以下几个渠道：首先，明确区分中央政府和地方政府的各自生态补偿责任。国家级自然保护区建设资金应当全部由中央财政拨款，以辽西北地方财政拨款作为补充资金。地方级自然保护区建设资金应当由省级政府财政拨款，也可以申请中央政府财政拨款作为补充以弥补自然保护区建设资金的不足。其次，积极争取国际援助和社会捐赠成立自然保护区基金会。最后，通过发行生态彩票集中社会闲散资金，从中拿出一部分存入生态保护基金。

主要参考文献

一、著作类

1. 肖厚国:《所有权的兴起与衰落》,山东人民出版社2003年版。

2. [英]朱迪·丽丝:《自然资源:分配、经济学与政策》,蔡云龙等译,商务印书馆2005年版。

3. 王永光:《布坎南公共选择理论的政治哲学研究》,天津社会科学院出版社2013年版。

4. [澳]斯蒂芬·巴克勒:《自然法与财产权理论:从格劳秀斯到休谟》,周清林译,法律出版社2014年版。

5. 孙宪忠:《国家所有权的行使与保护研究》,中国社会科学出版社2015年版。

6. 张文显:《法理学》(第4版),高等教育出版社、北京大学出版社2011年版。

7. [法]弗朗索瓦·泰雷、[法]菲利普·森勒尔:《法国财产法》,罗结珍译,中国法制出版社2008年版。

8.《俄罗斯联邦民法典》,黄道秀、李永军、鄢一美译,中国大百科全书出版社1992年版。

9. 王克稳:《行政许可中特许权的物权属性与制度构建研究》,法律出版社2015年版。

二、论文类

1. 阳晓伟、庞磊、闭明雄:《"反公地悲剧"问题研究进展》,载《经济学动态》2016年第9期。

2. 巩固:《自然资源国家所有权公权说再论》,载《法学研究》2015年第2期。

3. 王涌:《自然资源国家所有权三层结构说》,载《法学研究》2013年第4期。

4. 税兵:《自然资源国家所有权双阶构造说》,载《法学研究》2013年第4期。

5. 张翔:《国家所有权的具体内容有待立法形成》,载《法学研究》2013年第4期。

6. 张璐:《自然资源作为物权客体面临的困境与出路》,载《河南师范大学学报(哲学社会科学版)》2012年第1期。

7. 屈茂辉:《机关法人制度解释论》,载《清华法学》2017年第5期。

8. 刘灿、吴垠:《分权理论及其在自然资源产权制度改革中的应用》,载

《经济理论与经济管理》2008 年第 11 期。

9. 叶慍平:《自然资源国家所有权主体的理论诠释与制度建构》,载《法学评论》2017 年第 5 期。

10. 王志成:《德国不动产登记管理制度的现状与发展》(四),载《资源与人居环境》2017 年第 2 期。

11 孙宪忠:《不动产登记基本范畴解析》,载《法学》2014 年第 6 期。

12. 常鹏翱:《中国大陆的不动产登记制度》,载谢哲胜、楼建波主编:《两岸房地产法比较研究》(一),台北,元照出版有限公司 2018 年版。

13. 张先贵:《土地开发权与我国土地管理权制度改革》,载《西北农林科技大学学报(社会科学版)》2016 年第 2 期。

14. 鲍芳修:《区域一体化背景下地方政府间纠纷解决方式的扩展:类型与适用性》,载《云南行政学院学报》2017 年第 4 期。

15. 刘瑞超、刘鹏程、路兰:《产权视角下的中国区域制度研究》,载《经济体制改革》2017 年第 6 期。

16. 胡敏洁:《困境与尴尬:行政契约的司法审查》,载余凌云主编:《全球时代下的行政契约》,清华大学出版社 2010 年版。

17. Ian Thynne, *Ownership as an Instrument of Policy and Understanding in the Public Sphere: Trends and Research Agenda*, Policy Studies 32, 2011, p. 183 – 197.

18. T. Lindsey, *Indonesian Constitutional Reform: Muddling Towards Democracy*, Singapore Journal of International & Comparative Law 6, 2006, p. 244.

后　记

完善以土地资源为基础的自然资源法律制度历来是法学界关注的热点。2015 年党中央、国务院发布的《生态文明体制改革总体方案》将土地等自然资源产权制度、配置制度作为生态文明建设的重点内容。此后，政策迭出，自然资源改革从学术研究跃升为制度革新。本书以此为背景，结合新时代国家改革的大势和政策精神，研究以土地资源为基础的自然资源产权改革、市场配置制度，延伸探讨自然资源确权登记、地方政府间土地权属争议解决的法律规则等新问题。感谢法律出版社对本书出版的专业支持。

郭　洁

2023 年 7 月于沈阳